占いで知る！ココロとカラダのヒミツ

九星気学鑑定士・整体師
石川 享佑

知道出版

はじめに

比叡山《ひえいざん》という山がある。京都市と大津市にまたがる山で、延暦寺《えんりゃくじ》というお寺のほうが有名かもしれない。２０１８年は、僕たち夫婦には休みがほとんどなかった。ふと12月の上旬に一日だけ休みが取れたから登ってみることにした。

京都駅から湖西線という電車に数十分ゆられると、比叡山坂本という駅に着く。そこから徒歩で15分くらい坂を登ってロープウェイの駅を目指すのだが、坂の左右にはお寺や神社が並んでいて、とても心地良い。生源寺《しょうげんじ》という最澄《さいちょう》の生家のお寺もあり立ち寄った。

比叡山に登ったのは、最澄に会いたいからだった。約束もせず、夫婦でふらっと立ち寄っただけなのに、住職は快く僕たちにさまざまなお話をしてくださった。

さらに登ると、秀吉が大切にした日吉大社がある。ここに神猿（まさる）というお猿さんがいるのだが、僕らが見つめていると、急に僕らの方を目がけておしっこをした。

「あなた、歓迎されているわ！」

なんて妻が言うもんだから、可愛く思えてしまった。また来よう。

そして、さらに5分ほど歩き、そこからロープウェイに乗るのだが、またこの景色が素晴らしい。琵琶湖を眼下に眺め、まるで天上に昇ったかのような感覚を覚えるのだ。比叡山自体はそんなに高い山ではない。しかし、雄大な琵琶湖を見下ろし、京都市街さえも見渡せるこの場所で、天台宗の開祖・最澄は一体何を思ったのだろうか。

この本の企画を知道出版さんからいただいたのは、2018年の夏、8月頃だっただろうか。僕のブログを読んで、担当の奥村さんから丁寧なお手紙をいただいたのがご縁だった。二つ返事で筆を執らせていただくことを了承したものの、2018年の後半はまさに怒涛《どとう》と言っていいほどの忙しさだった。

当時「サンリオ」さんとのコラボで、『マイメロディ九星占い』というアプリをリリースしたばかりで、他の仕事がほとんどできないような状況だった。奥村さんはじっくりと待ってくださっていたけど、正直、忙しさを言い訳に気持ちがなかなか乗らなかった。

僕のお師匠さんは、故村山幸徳《むらやまゆきのり》先生といって、「九星気学」や「易学」の大家だ。「社会運勢学会」という団体を立ち上げて、2018年の初夏に亡くなられた。僕もその団体の会員で、認定講師という立場でさまざまな活動をしている。このお師匠さんがまたすごい人で、めちゃめちゃ本が売れている。もう手も届かない存在なわけだ。

比叡山という名前は、「叡智《えいち》」を「比《くら》べる」という意味を持っている。最澄は一体だれと叡智を比べようとしたのか——それは、釈迦だ。

仏教の開祖、釈迦と自身の学びを比べたのだと思う。それは、最澄の慢心なのだろうか。いや、それは違うと断言する。

人は、大いなる存在と比べないと、自分の愚かさがわからないのだ。だから、お坊さんは仏の前で説法をする。仏という絶対的な存在の前で、自身の学びを伝えていくことが、最高の修行なのだ。

比叡山・東塔の鐘楼で鐘をつき、執筆に着手できない理由がわかった気がした。僕はお師匠さんを超えることはできない。どこかでそれを理解しながらも、それを恥じている自分がいた。もうそんな小さな執着は捨てよう。僕はお師匠さんみたいな本は書けないけれど、精一杯本書を書かせていただいて、その真価を世に問えばよい。そんなことに気づかされた僕は、京都から福岡に帰り、毎年恒例の1年の流れを占うセミナーをこなした後、筆を執ることにした。

浅学な僕が書く本だから、大した内容ではないかもしれない。だけど、現代では忘れられてしまいがちな「東洋の智慧」というものに少しでも触れていただき、何か感じるものがあったならば嬉しく思う。

ただ、内容は「健康」という部分に重きをおいて書いているから、「九星気学」や「姓名鑑定」「顔相」などの占術の中でも、身体に関わるポイントにフォーカスしている。運命学としてのこれらの占術を語るには、とても本書では言い尽くせない。それらについては僕の会社に問い合わせて鑑定を受けていただくか、僕が各地で開催しているセミナーに参加してもらえればと思う。詳細はＨＰを参照いただきたい。

これらの占術は、占いというよりも哲学であり、非常に難解な部分もあるから、表面的な説明では誤解を招きかねない。ぜひ、読者自身でも研究されることを望む。

産業革命以来、人間の生活は飛躍的に豊かになった。車が発明され、どこへでも自由に出かけることが可能になったし、飛行機に乗れば、数時間で海外に出かけることもできる。それどころか、インターネットを活用して、寝ている間もビジネスを進めることさえ可能になった。

だけど、〝ココロとカラダ〟というものは、数千年前から大きくは変わっていない。医療体制の充実によって、平均寿命は伸びたとは言え、相変わらず人間の身体は五体から抜け出ることはできないし、仏典や古典を読めば、現代の人々が抱えるような同様の悩みを古代の人々も持っていたことを知って愕然とする。

この変わらない、普遍的な〝ココロとカラダ〟というものをもっと知ることができれば、人生を物質的な面だけでなく、精神的にも豊かなものにすることが可能ではないだろうか。そんな想いから、僕は整体師をやりつつ、「東洋思想」を学んできた。ここまで学んできたものを、できるだけ東洋思想から縁遠かった一般の方々にも理解していただきやすいように、平易な言葉で書くように苦心して書き上げたのが本書である。

平成31年の立春、ようやく脱稿した。平成の世もあと少しで終わりというこのタイミングで、こうして筆を執り、自分の人生と学びを振り返るきっかけをくださった知道出版の皆様、とりわけ担当の奥村さまには感謝したい。

また、結婚して何年経っても、うだつの上がらない僕をずっと支え続けてくれている妻には、この本の刊行をもって、ここまでの借りを多少なりとも返せたかなと思っている。妻も僕と同様、各種鑑定を行っているから、とてもじゃないけど感想など聞くのもはばかられるけど、きっと喜んでくれていることと思う。また、大学を中退して、海のものとも山のものとも知れない「整体」を生業に選んだ僕を信じ、待ち続けてくれた母にも多少の親孝行ができたと胸を張りたいと思う。

ぜひ、最後まで読み進めていただき、読者自身の体質に気づき健康管理に役立て、人生をより豊かに過ごすヒントとしていただけたなら幸甚である。

この本が発行されるのは、桜が咲く頃だと聞いている。こうして、本書を通じ、皆様と縁ができることが何よりも嬉しい。桜の開花を待ちつつ、僕自身もまた、さらなる学びの歩みを一歩進めよう。本書を手にとってくださった方々と実際に出会えるそのときまで。

石川享佑

占いで知る！ココロとカラダのヒミツ　◎もくじ

第1章

天人合一というもの

◎宇宙と人体を貫く東洋思想のスケール感

「天人合一」という言葉は聞いたことがあるだろうか。

東洋医学に携わるものとしては、当然に知っている言葉なのだが、一般の人にはあまり馴染みがない言葉だと思う。読んで字のごとく「天（＝宇宙）と人（＝生命体）は一つだよ」という意味だ。

つまり、８００億光年を超えるであろう宇宙全体と、ちっぽけな我々の肉体も同一であるという考え方である。想像もつかない大宇宙に対して、我々の生命は小宇宙と呼ばれ、こんな2メートルにも満たないカラダの中に、すっぽりと宇宙が入っていると考えるのが東洋思想であり東洋医学なのだ。

こんな大きなスケール感で物事を捉えることってあるだろうか。

普段の生活の中で、小さな出来事に忙殺されていると、なかなか宇宙なんて考える時間さえない。しかし、ときに宇宙という生命の躍動に想いを馳せてみるのは精神衛生上悪くないと思う。我々の住む地球は時速約1、７００キロという新幹線の5倍の速度で自転をし、さらに時速約108、000キロという高速で太陽の周りを回っている。その太陽も時速約864、000キロという超高速で銀河を旅しているのだ。

まさに天文学的な数字で、そのスピードさえ理解できないけれど、ともかく宇宙というのはダイナミックに活動をしていることだけはわかると思う。そんなダイナミズムが、我々人間の中にも宿っていると、古代の中国人は考えた。

そんな東洋医学の基礎になっているのが「九星気学」と「易学」である。

「医食同源《いしょくどうげん》」という言葉は、最近の健康ブームでよく知られているが、実は「医易同源《いえきどうげん》」という言葉もある。

東洋医学というのは、本来、「易学」、およびその基礎となる「九星気学」とは分けて語れないものなのだ。そういったこともあって、僕の会社のセミナーには、鍼灸師や薬剤師の先生方が勉強にやってくる。正しい東洋思想を学ぶ場が、やはり少なくなっているというのが現状なのだと思い知らされる。

とにかく、「天人合一」という言葉が表している通り、人は宇宙と離れて存在することはできない。それが東洋思想の基本的概念だからだ。そこで、まず知っておきたい健康の秘訣は、あなたのカラダは「大いなる宇宙の存在に包まれていることを知る」こと。そうすると、「自分と周囲の人を愛する」ことが大切になることに気づくだろう。まずはそんな基本姿勢を押さえておいてから、テクニック的な話に入る必要があると思う。

我々は、一人ひとりが宇宙の代弁者としての生命を与えられている。誰一人、どれ1つが欠けても宇宙は完成しない。そんな単純な真理さえ、最近では蔑《ないがし》ろにしている輩《やから》が闊歩《かっぽ》している。自国第一主義を唱え、我が物顔で振る舞う大国達の振る舞いは、まさにそういった姿勢が国家レベルで発現したものだろうし、街を歩けば弱者に対する思いやりを全く持たないような振る舞いをするものたちもいる。

生活苦で否応なく生活保護を受給している人たちを、その人たち一人ひとりの事情も知らずに十把一絡《じっぱひとから》げに「ナマポ」などと蔑称《べっしょう》しているいわゆる「普通の人」だって多いようだ。ＬＧＢＴの人たちへの差別だって、未だに根深いものがある。

「自分だって、いつ相手のような立場になるかもしれない」という多少の想像力があれば、そんな態度は取るはずがないと思うのは、僕だけだろうか。

『法華経《ほっけきょう》』という仏典がある。僕は大好きなお経だから、折に触れて読んでいるのだけれど、この中に「常不軽菩薩《じょうふきょうぼさつ》」という菩薩さんが登場する。

この菩薩さんは、どんな人にも丁寧に、決して相手を軽んずることなく礼拝していたらしい。そんな生き方なんて、とても出来やしないけれど、せめて誰かのカラダに向き合うときは、そんな気持ちで接してみたい。僕自身、「気学」や「易」、「姓名鑑定」などをお伝えしていく立場になって、「社会運勢学会認定講師」なんて肩書まで頂戴してしまったものだから、「先生」なんてよく呼ばれる。講演に行けば、みんな黙って僕の話を聴いてくれるし、食事に誘われれば上席に通される。

だけど、こんなものは「気学の先生」であるだけのことであって、普通にしていたらむしろ末席に座らなければならない若僧に過ぎないのだ。そんな僕を「先生」なんて呼んで大切にしてくれる生徒さんたちの方が、よほど菩薩に近い。常不軽菩薩は、どんなときであっても、決して相手を軽んずることはなかった。おそらく自分が大嫌いな相手であっても、礼拝したのだろう。

さすがにそこまでの覚悟はなかなか持てないけれど、本書に書かれているテクニックを活用し、目の前の誰かの体質を鑑定する機会があれば、相手への尊敬を決して失うことのないようにしてほしい。

鑑定は、相手への尊厳が根底になければ、相手を傷つける凶器にもなりかねない。僕のお師匠さんである村山先生も「生命への尊厳」というものをとても大切にしていた人だった。だから僕らは村山先生と「鑑定によって、相手に新しい悩みを与えないこと」というのを約束して鑑定士としてさまざまなアドバイスをさせてもらっている。本書では、その鑑定技術の一片を明らかにするのだから、あなたも僕と次のことをぜひ守ってもらいたい。

・相手に求められるまで、鑑定の内容を伝えない
・面白半分で鑑定をしない
・鑑定したことで、相手の生きる気力を奪わない

これらのことを決して忘れないでほしい。

前述したとおり、我々は、すべて宇宙が必要としたからこそ、存在することができている。あなたが大好きな人が、宇宙にとっても重要な人であるのと同様に、あなたが大嫌いなあの人も、宇宙にとっても重要な人なのだ。

本書でお伝えしていく鑑定術が、あなたの大切な人の生きる力を高めるように用いられることを祈願すると同時に、決して誰も傷つけることなく用いられることも願っている。

まず、生命というものへの尊厳。それをきちんと持った人のみが、鑑定という技術を用いることができるということを忘れずにおいてほしいのだ。

◎陰陽というもの

1「陰陽互根」

それでは実際の鑑定術に入っていこうと思うけれど、まずは共通認識というか、テクニカルタームと呼ばれるものをきちんと理解しておいてほしいと思う。

東洋思想は、聞き慣れない言葉が多いから、それによって学ぶのを諦めてしまう人が多い。そこさえクリアすれば、あとはわりと順調に覚えられるので、最初の用語概念を丁寧にお伝えしていこうと思う。

まずは「陰陽」という考え方について解説しよう。

この「陰陽」とは、東洋思想の最も根幹にあるものだから、とても大切な概念になる。英語では「yin-yang」と書かれる。サザン・オールスターズの桑田佳祐さんが「yin-yang（イヤン）」という曲をリリースしているから、「いやん」だと思っている人もいるかも知れないけれど、そういうエロティックな話ではまったくない。もちろん、陰陽は「男と女」

という対比も確かにあるから、あながち間違いではないかも知れないし、むしろそういう遊びゴコロはたまらなく好きなんだけど、本書は僕の趣味嗜好を書き連ねる本ではないからちゃんと説明しておきたい。

「陰陽」というのは、要するに光と影だ。次ページに「太極図」と呼ばれる有名過ぎる図を掲載しておくが、これは見たことがない人はほとんどいないと思う。この図は何となく不思議な図と思われているけれど、そんなに大した内容ではなくて、ようするに日時計の要領で、影の長さを毎日毎日測って、1年の影の長さの変遷を図式化しただけのものだ。それだけの話だけど、古代中国人にとっては大いなる発見だった。

「陰陽論」の大切なポイントはいくつもあるのだけれど、まずは、「陰と陽は、離れて存在できない」ということを挙げておこう。

例えば、陰と陽の代表的なものは次頁の表を確認いただきたいが、陽である男性の僕は、陰である女性の妻と離れては存在できない。妻がいるからこそ、僕は夫として存在できているわけだ。もちろん、男と女という概念以外でも陰陽は離れて存在しない。昼という概念がなければ、そもそも夜はない。冬があるからこそ、夏が待ち遠しい。どちらかの概念がなければ、どちらかの概念も消えてしまう。これが最初のポイントになるわけで、これを「陰陽互根」と呼んでいる。

陰は陽に、陽は陰に根ざしている。だから、幸せは陽で不幸は陰と規定すれば、やっぱり幸せは不幸から生じることになるし、逆に幸せは不幸の始まりということだってあるわけなのだ。そこで、「百戦百勝の生き方なんて、あるわけないな」ってことに気づけたら、もう人生はほとんど成功したようにさえ思える。

太極図

陽	陰
天	地
太陽	月
光	闇
晴	雨
春	秋
夏	冬
東	西
南	北
熱	冷
動	静
剛	柔
表	裏
高	低
上	下
左	右
外	内
男	女
父	母
身体	精神
奇数	偶数
才	徳
喜	悲
生	死

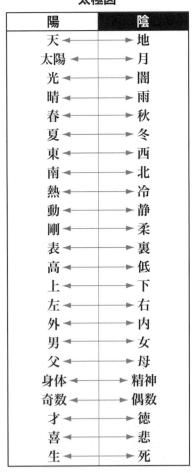

仏教詩人の坂村真民先生という方がいる。僕は九州で生活していて、熊本にも講義に行ったりもするのだけれど、坂村先生は熊本生まれの方だから、なんとなく親近感を持っている。その坂村先生の詩の1つに「悲」がある。その一節を紹介する。

（略）見えなかったものや聞こえなかったものが
見えだし聞こえだしたのも
ありがたい喜びの一つだが
一番大きな喜びは
色々の悲しみを知ったことだった

この詩が語る「喜び」というのは、まことに真実の言葉だと思う。

また、「才と徳」なんてことも、よく陰陽を語るときに登場する言葉だ。「才」というのは「働き」という意味で、要するに社会的活動の能力を表している。逆に「徳」というのは〝教養〟といってもよく、内面的なココロの働きを表している、とここでは説明しておく。

だから、やっぱりよく働くビジネスパーソンは心根が良い人が多い。そして、さまざまな情報を整理していて教養が深いといえるだろう。

中途半端な人はそうでもないけれど、本当の金持ちはだいたい優しくて、そして相手を楽しませようという気持ちが非常に強い。その上、頭も良いから話していて気持ちが良い。長い期間を通じて成功を持続させるためには、この「徳」というのが絶対的に必要だ。だから、やっぱり昨今は適性だとか、個性だとかいろいろ言われているけれど、そういった細分化するような考え方だけではなく、全人類に共通するような教養を大切にしないといけない。

ハーバード大学で「論語」の講義が大人気らしいけれど、もともと教養は英語で「リベラルアーツ」と呼ばれる。直訳すれば「人間を自由にする芸術」であり、自由の根本は本物の芸術、美術、書物といったものにある、ということを人間は洋の東西を問わずに経験から知っているのだろう。

仕事ができるようになりたいなら、まずは自身の内面の輝きを身につけるべきだろう。社交的になりたいなら、たくさんの本を読むことだ。女性でモテたいなら、料理とメイクをきちんと勉強すべきだと思う。陰と陽は離れて存在しない。それはあらゆる生活のシーンで言えることだと思う。

2 「陰陽消長《しょうちょう》」

次のポイントは太極図が表している通り、陰陽は片方が大きくなれば、片方が小さくなるというバイオリズムを描いている。これを「陰陽消長」と呼ぶ。

夏至になれば、陽が最大化されて陰はほとんど姿を見せなくなるし、冬至にはその逆の現象が起きることになる。どちらかが伸びれば、どちらかが消えていく。こういったバランスの中で陰陽は存在することになる。つまり生命というのはリズムなのだ。良いときばかりの人生はないし、悪いときしかない人生もありえない。たまに「私の人生において、良いことはひとつもなかった」という人も相談にみえるけれど、ほとんどの場合が「気づいていない」だけで、良いことがまったくないという人はほとんどいない。

だから、大切なことは、体調というのも陽に振れ、陰に振れ、を繰り返しながら、一定のリズムで動いているということ。体温が上がったり、下がったりをしながら、平均36度を維持しているように。体は動きながら、一定の恒常性を保っているのだ。

そんな生命を鑑定するときに大切なのが、「変わるもの」と「変わらないもの」を見抜く智慧である。変わるものを東洋では「変易《へんえき》」という。別の言い方では「流行《りゅうこう》」なんて表現されたりする。逆に変わらないものを「不易《ふえき》」と呼ぶわけだけど、占術にも変易を見抜くのが得意なものと不易を観るのが得意なものとがあることは知っておいてほしい。

変わるものを観るのに適しているのが「顔相」「手相」などの「観相学」と呼ばれるものだ。逆に変わらないものを観るのに適しているのが、普遍的な生年月日や方位を用いる「九星気学」や社会的に一定の役割を持つ「姓名鑑定」だろう。

これらをバランスよく鑑定するために、僕は「九星気学」「姓名鑑定」「顔相」という3つのフィルターで、整体を希望されるお客様を鑑定するようにしている。本当は「家相」もきちんと観ると、さらにその人が持っている体質などもわかるのだが、整体院に家の図面を持ってくる人などいないし、いても稀だろうから、そこは妥協せざるをえない。

本書でも「家相」については言及しないけれど、また何かの機会があれば読者の皆様にお伝えさせていただきたく思っている。

他にも陰陽論については書きたいことはいろいろあるけれど、本書は「陰陽論」の専門書ではないから、このあたりでとどめておきたい。また僕のセミナーなどに来ていただければ、もう少し詳しいことをお伝えできるだろう。ホームページなどで開催の詳細を調べて、会いに来てくれれば幸いだ。

◎五行というもの

次に五行《ごぎょう》というものを考えていこう。森羅万象が陰陽に分類することが可能であるということは理解していただけたと思う。だけど、この世のものは白黒はっきりと分けられるモノばかりではない。例えば、季節を見ても、夏と冬だけでなく春と秋も土用もある。夏は陽、冬は陰というのはご理解いただけるだろうけれど、では春はどう表現すればいいのか？　秋は確かに涼しいけれど、冬と呼ぶには暖かさが残っている。この矛盾をクリアするために生まれたのが「五行」という考え方だ。

この世を循環させているのは五つの働きがあると考えた。「行」というのは「はたらき」という意味をもつ漢字だ。その五つの働きは「木火土金水《もくかどごんすい》」と呼ばれている。木の性質を「木性《もくしょう》」、金の性質を「金性《きんしょう》」というふうに呼ぶ。

五行の働きについては、後ほど図に表しておくが、ポイントは「相生《そうしょう》」と「相剋《そうこく》」という概念だ。まずは「相生」について見てみよう。

次頁の図を見てほしい。五行は互いに循環しながら一定のリズムを保っている。その循

五行相関図

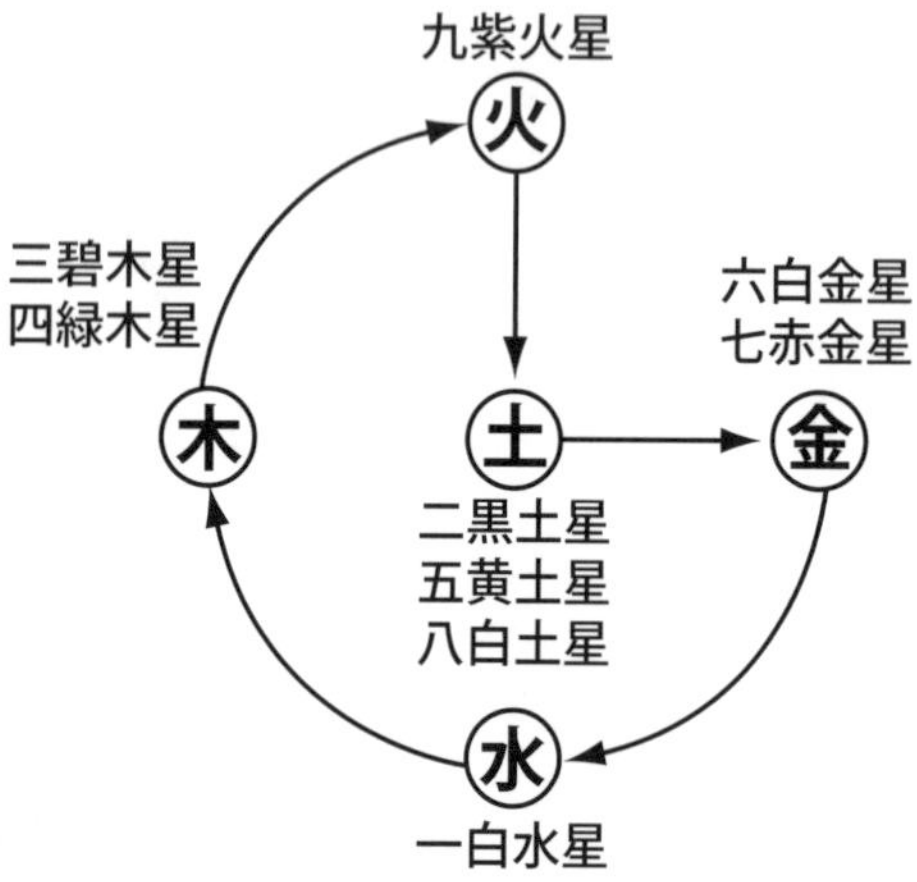

環の方向性は一方通行だ。例えば、木は燃えて火を生じる。これを「木生火《もくしょうか》」などと呼んだりする。同様に、火は燃えて土となる（火生土《かしょうど》）、土は鉱物を作る（土生金《どしょうきん》）、金を冷やしてやると表面に水が生じる（金生水《きんしょうすい》）、水は木を養う（水生木《すいしょうもく》）という循環で五行は作用しあい、物事を作り出している。

この考えを用いて、占い師は「あなたとあの人の相性《あいしょう》はいいわよ」なんて言ったりするのだけど、これは一面を表しているに過ぎないから鵜呑みにするのは良くない。

確かに間違いはないけれど、そんなことだけで人間関係は決まらない。話が逸《そ》れたけれど、この相生というのは一方通行だと前述した。そうすると木性を中心にみると、水は木を生み出してくれる親のような存在。これを「生気《しょうき》」と特別に呼んだりする。逆に火は木が生み出した子供のような存在で、これを「退気《たいき》」と呼ぶ。また、同じ性質である木性との関係を「比和《ひわ》」と呼ぶことになっている。とにかく、五行というのはこのように循環した関係性を持っている。これが五行の基本となっているのである。

一方で、もう1つの「相剋」についても言及しておきたい。隣り合ったものが相生の関係であることはわかったけれど、向かい合うものとはどのように関係するか。それを表したのが相剋という考え方だ。次頁の図を参照いただきたい。

例えば木というのは土を犯して生命を繁栄させる。土からしたら養分を奪われいい迷惑だろう。こうやって相手を痛めつけるのが相剋の関係だ。

火は金を溶かすし、水は火を消す。土は水を濁らせるし、金は木を切り倒す。こうやって、向かい合う性質はそれぞれの長所を傷つけながら五芒星《ごぼうせい》を描いている。これもまた、巷《ちまた》の占い師が「あなたとあの人は合わないから別れなさい」などという理由の1つになっているのだけれど、そんな話をまともに聴く必要はない。なぜなら、ニーチェの言葉にあるように〝What does not kill you make you stronger〟直訳すれば「あなたを殺さないものは、あなたを強くする」からだ。傷つくことで学ぶことも多い。いや、傷つかなければわからないものもある。自分を傷つけるものを全て排除しようとすれば、生命は繁栄しないだろう。弱点があるからこそ、周囲と協調して生きなければならないことを知るのだし、虎や狼といった天敵がいたからこそ人類はここまで文明を発達させることができたといえる。

また、相剋は確かに自分を傷つけるものだ。だけど、決して凶ではないと断言しておきたい。相剋にも2つの方向性がある。自分を傷つける気を「殺気《さっき》」と呼び、相手を死に至らしめる気を「死気《しき》」と呼んでいる。これは定義だから覚えておいてほしい。

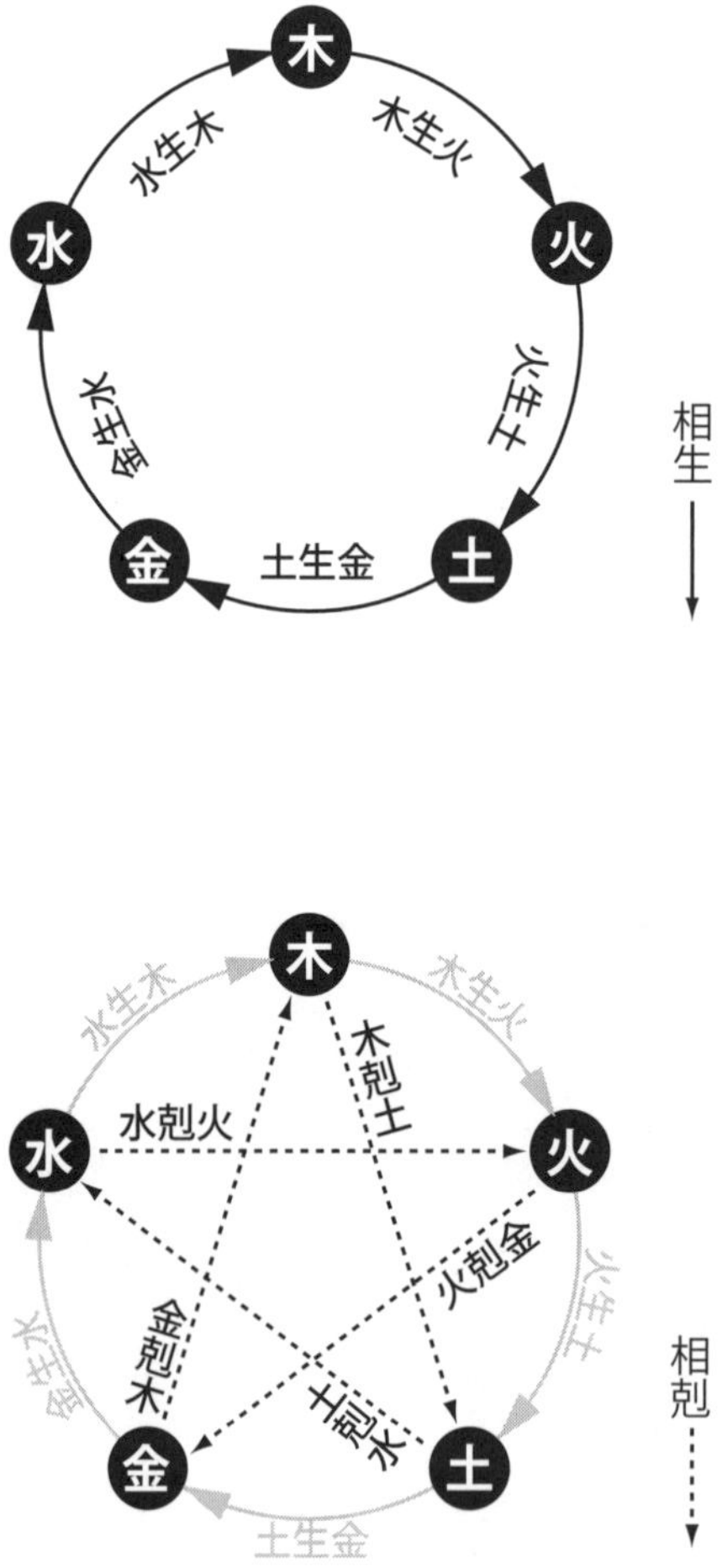

◎九星・十干・十二支について

こうして「陰陽・五行論」によって、ひとまずの自然の説明ができるわけだけど、もっと詳細に観察していけば、まだまだ分類できることに古代中国人は気づいた。

例えば「木」という性質、これはいわゆる植物のように幹を立て、枝を張っていくエネルギーなのだけど、植物も種から芽を伸ばし、双葉を作っていく力と、枝に葉をつけていく力では、力の性質が異なる。また、「土」というものを観察しても、畑の土と高山の山頂の土では色も働きも違う。こうして、五行をさらに発展させたのが「九星」と呼ばれるものだ。

「一白水星」「二黒土星」…などという言葉は誰しもが一度は目にした言葉だろう。古代中国人はこの世の生命を持つものすべてに九星を割り当て、そのエネルギーを注意深く観察していった。この地球上の生命体の持つ気を「人の気」と呼ぶ。今では「人気」、いわゆる「ポピュラー」になってしまっているが、もともと人気という言葉は気学の言葉で、地球上の生命体が持っているエネルギーを指している。

ところが、ふと夜空を見上げると、そこにはまったく違う世界が広がっていた。いわゆる宇宙である。宇宙全体のことを、中国では「天」と呼ぶ。この遥《はる》か数百億光年まで広がる宇宙には地球上の生命体とはまったく違う論理で動いているエネルギーがある。これを天の気と呼ぶことにした。その天の気はどうやら十種類にまとめることができる。それを「十干《じっかん》」と呼んでいる。

天気と言えば、現代では「ウェザー」になっているが、本来は地球上の天候ではなく、もっと大きな宇宙全体の動きのことを指しているのである。

十干と十二支

天

甲《きのえ》	乙《きのと》	丙《ひのえ》	丁《ひのと》	戊《つちのえ》	己《つちのと》	庚《かのえ》	辛《かのと》	壬《みずのえ》	癸《みずのと》
木		火		土		金		水	
陽	陰	陽	陰	陽	陰	陽	陰	陽	陰

地

子《ね》	丑《うし》	寅《とら》	卯《う》	辰《たつ》	巳《み》	午《うま》	未《ひつじ》	申《さる》	酉《とり》	戌《いぬ》	亥《い》
水	土	木	木	土	火	火	土	金	金	土	水
陽	陰	陽	陰	陽	陰	陽	陰	陽	陰	陽	陰
23〜1時	1〜3時	3〜5時	5〜7時	7〜9時	9〜11時	11〜13時	13〜15時	15〜17時	17〜19時	19〜21時	21〜23時

一方で、足元に視線を落としてみると、地球という天体に我々は立っているわけだが、この地球という天体も独自の「気」を持っているということがわかってきた。この地球が持つ気を「地気」と呼ぶわけだが、これは天気に呼応して動いていて、大別すれば十二種類あることがわかった。その十二種類の地気を十二支《じゅうにし》と呼ぶこととした。

十二支は割と一般的だけど、他の十干と九星はあまり馴染みはないかも知れない。大切なことは十二支は「天の気」に呼応しているという点で、十二支単体で見てもあまり鑑定上の意味は少ない。天気十干と地気十二支をあわせて「干支《かんし》」と呼ぶように、例えば2019年は「己亥《つちのとい》」というのが正確な「えと」の表現だ。

この「十干・十二支」はあくまで宇宙と地球の気の配置を表しているから、体質鑑定ではあまり用いない。中心に見ていくのは、生命体のエネルギーを表す九星になる。だけど、東洋の宇宙観を知る上では欠かせないから、あらかじめ説明をさせていただいた。

ここまで学んできた東洋の「気」の概念を用いながら、さまざまな鑑定を組み合わせつつ、「ココロとカラダ」、つまり体質を観ていくことになる。

◎本命星、月命星とは何か

随分と長々と東洋における宇宙観について頁を費やしてしまったけれど、ここから実際の鑑定に入っていくことになる。僕の体質鑑定で用いる鑑定術はいくつかあるのだけど、順を追って説明していこうと思う。もちろん、これらによって導かれる鑑定結果はその人の一面を表したに過ぎないから、これがすべてだなどと考えないでいただきたい。この他にも、東洋医学には「八綱弁証《はっこうべんしょう》」という漢方の鑑定術があるし、もちろん西洋医学による病理学の見地も、健康を保つためには欠かせないと思っている。だから、カラダに不安のある人は、この本を読んで自分のカラダを安易に診断することなく、かかりつけのお医者さんに診てもらうことは当然のことだ。あくまでも、整体師・鑑定士として提言に過ぎないということをまずはお伝えしておきたい。

それでは、まず最初に「九星気学風水」を活用した体質の鑑定を見ていこう。まず「九星気学風水」では、「本命星《ほんめいせい》」と「月命星《げつめいせい》」という2つの星を用いることになる。星と呼んでいるけれど、これはいわゆる星々の天体とは関係がない。すでに述べたように、地球上で生命活動をするもののエネルギーを「人の気」と呼び、それが九種類に分類できるから、それを「九星」と呼んでいるのだ。

「本命星」というのは、いわゆる生まれ年によって確定する気の形だ。例えば、２０１９年は「己亥八白土星中宮《つちのといはっぱくどせいちゅうきゅう》」という気の配置になっている。つまり、天気は「己《つちのと》」、地気は「亥《い》」、人気は「八白土星《はっぱくどせい》」ということだ。

この年は人気の中心に八白土星という気が入っていて（37頁の図参照）、この年に生まれた人は八白土星という気を強く受けて誕生することになる。これが本命星と呼ばれるものだ。東洋の暦は2月4日の立春で切り替わるから、２０１９年の1月生まれの人は前年の「九紫火星」となることに気をつけなければならない。第2章に「九星の特徴をおさえる」の中に掲載したので、そちらでご自身の本命星を確認してほしい。

一方、「月命星」というのは、誕生月によって確定する。カラダの部位を表す漢字に「月（にくづき）」が付《ふ》されるように、古来より人間のカラダには月が強く影響するという考え方が定着していた。

たしかに、春に花咲く花々は可愛らしいものが多いし、夏に咲く花は大ぶりで色鮮やかなものが目立つ。生まれた月の環境というのが、生命の形に影響すると考えるのは、決して非合理的だとは言えないと思う。とにかく、カラダに関わるものをこの「月命星」というのが担当すると覚えておいてほしい。本来はもう少し踏み込んで、この本命星と月命星の関わりによる、カラダへの影響というのを観ていきたいのだけど、本書では月命星を中心に体質を観ていくこととする。

五行の性質一覧

	木《もく》	火《か》	土《ど》	金《ごん》	水《すい》
一日	朝	昼	推移	夕	夜
季節	春	夏	土用	秋	冬
方位	東	南	中央	西	北
色	青	赤	黄	白	黒
五臓	肝	心	脾	肺	腎
五腑	胆	小腸	胃	大腸	膀胱
五情	喜	楽	怨	怒	哀
五指	薬	中	人差	親	小
五官	目	舌	口	鼻	耳
五味	酸	苦	甘	辛	鹹《しおからい》
五穀	麻	麦	米	黍《きび》	大豆
五獣	青龍	朱雀	麒麟	白虎	玄武
五徳	仁	礼	信	義	智

九星気学の基本となる「後天定位」

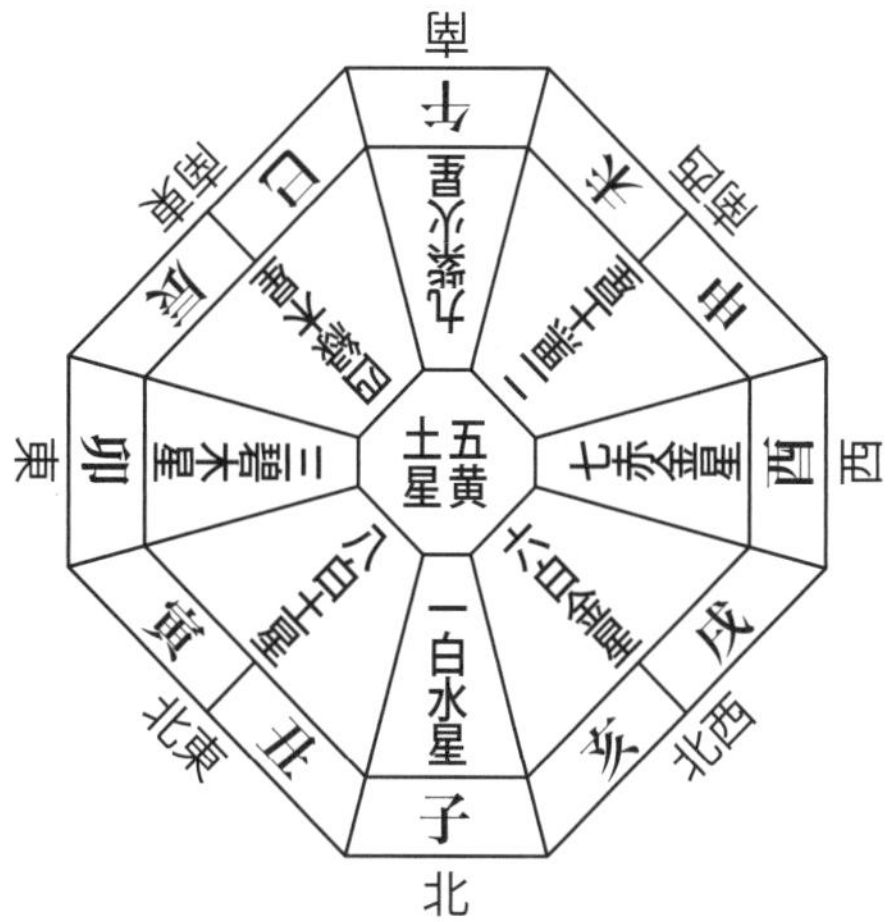

2019年（己亥八白土星中宮）の年盤

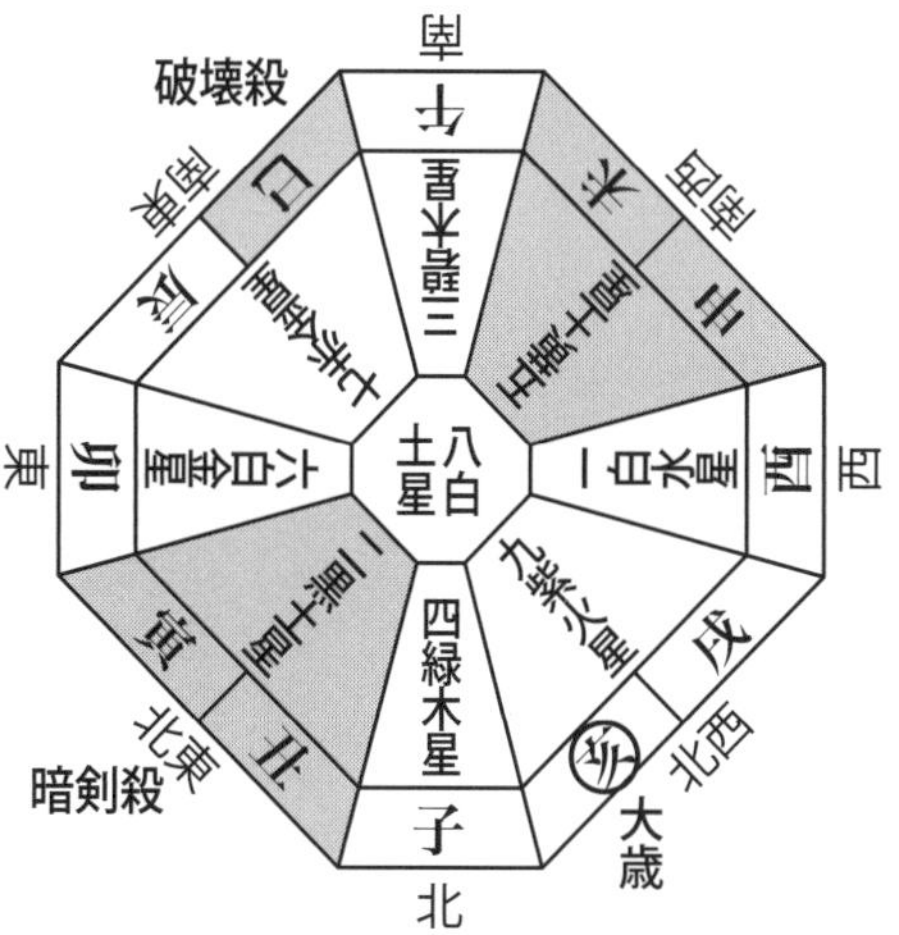

○ ＊大歳《たいさい》とはその年の十二支

◎姓名鑑定とは何か

本命星と月命星の鑑定の次に観るべきは、その人の「姓名」だ。古来より「姓名は生命なり」と言われるように、名前というのはその人の「生命」を如実に表している。孔子も論語の中で、

「名正しからざれば則ち言順わず、言順わざれば則ち事成らず（略）」

と言っている。要するに「名前が正しくなければ、言葉もおかしくなってくる。言葉がおかしくなれば、何事も成せないだろう」という言葉だけど、真実をついていると思う。

だいたい「名」という漢字は、サイ「ㅂ」を2つ重ねた字だ。サイは神の神託を入れた宝箱を表している。つまり「名」というのは、神の意志が入った不可思議な力を持つものなのだ。

その名前が、昨今乱れすぎていないだろうか。いわゆるキラキラネームが増えたこともあるし、親に漢字の素養がないから音だけで漢字を当てている。まるで冗談みたいな名前が世間に溢れているけれど、この子供たちが大きくなったときに、一体どのような日本になっているか心配で仕方ない。名前が正しくなければ、「言順わず」、つまり言っている言葉もおかしくなってくる。当然だろう、自分の子供の名前に当てた漢字の意味をまともに知らない大人が、まともな日本語教育ができるとはとても思えない。だから、正しく漢字を学び、正しく言葉を使うということがこれからの日本にとって何よりも大切な教育になってくると予想している。

例えば、僕の名前「石川《いしかわ》 享佑《きょうすけ》」というのは、きちんと漢字の意味を知ると、「どんな難題が押し寄せるような急流の中にあっても、天の佑《たす》けを享《う》けて歩む」という名前になってくる。名前を漢文として読み下すことを、姓名鑑定では「読み下し」というけれど、これが最も重要で、画数などよりもはるかに大切な要素となる。だけど、これは本書で解説しきれるものではないから、この項で紹介するだけに留めたいと思う。

体質鑑定で使うテクニックの中で、本書で紹介するのは、①陰陽　②五行　③天地の配合　④画数、となる。

だけど、運勢を鑑定する上で最も大切なのは、繰り返しになってしまうけれど「読み下し」だ。だから、本書を読んで名付けをするのは絶対に避けていただきたい。あくまでも体質を鑑定する目的だけで本書を活用してもらいたい。本格的に選名(名前を変えること)や命名（子供に名前をつけること）を考えているのであれば、当社に一度連絡いただけるか、僕のセミナーに来て質問してほしい。

◎顔相とは何か

最後に用いる鑑定術が「顔相《がんそう》」だ。ただし、この「顔相」は極端に言えば、毎日変わるということをまずは知っておいてもらいたい。その上で、「顔相」について少し説明をするが、この「顔相」の面白いところは鑑定できるスパンが非常に近未来であるという点だ。

例えば、「手相」というのは数週間後くらいから、数年後までを観ることが主体となる。「九星気学風水」というのは、人生の全般を観るもので、あまり近視眼的に人生を切り取って鑑定するのはナンセンスだ。「姓名鑑定」も人生の変化のタイミングなどを観るのは上手いけれど、明日のこととなると鑑定のしようがない。

「顔相」の良さは、午後に起こり得ることが午前に予測可能であるということだ。もちろん、もっと長期間で観ることもできるのだけれど、顔というのは脳と非常に近い位置にあることもあり、思考したことがすぐに顔に表れる。

昔、母に「ちゃんと顔に描いてある！」なんて言って怒られた記憶があるのは僕だけではないと思うけれど、体質に関してもちゃんと顔に出てくる。

整体を施術した後でも、「あぁ、この人は快方に向かうだろうな」とか「あとどのくらいで良くなるかな？」なんていうことが鑑定可能だ。また、逆にカラダの状態が顔に投影されているわけだから、顔を整えることでカラダも整えることも可能になる。施術者の人はぜひ試してもらいたいと思う。

以上、３つの鑑定術を活用しながら、体質を鑑定して行くことになる。次章から、１つずつ詳細に鑑定をしていこう。

第2章

誕生日からココロとカラダを観る

◎九星の特徴をおさえる

まずは「九星気学風水」から観るココロとカラダの特徴を考えていこう。

後天定位図

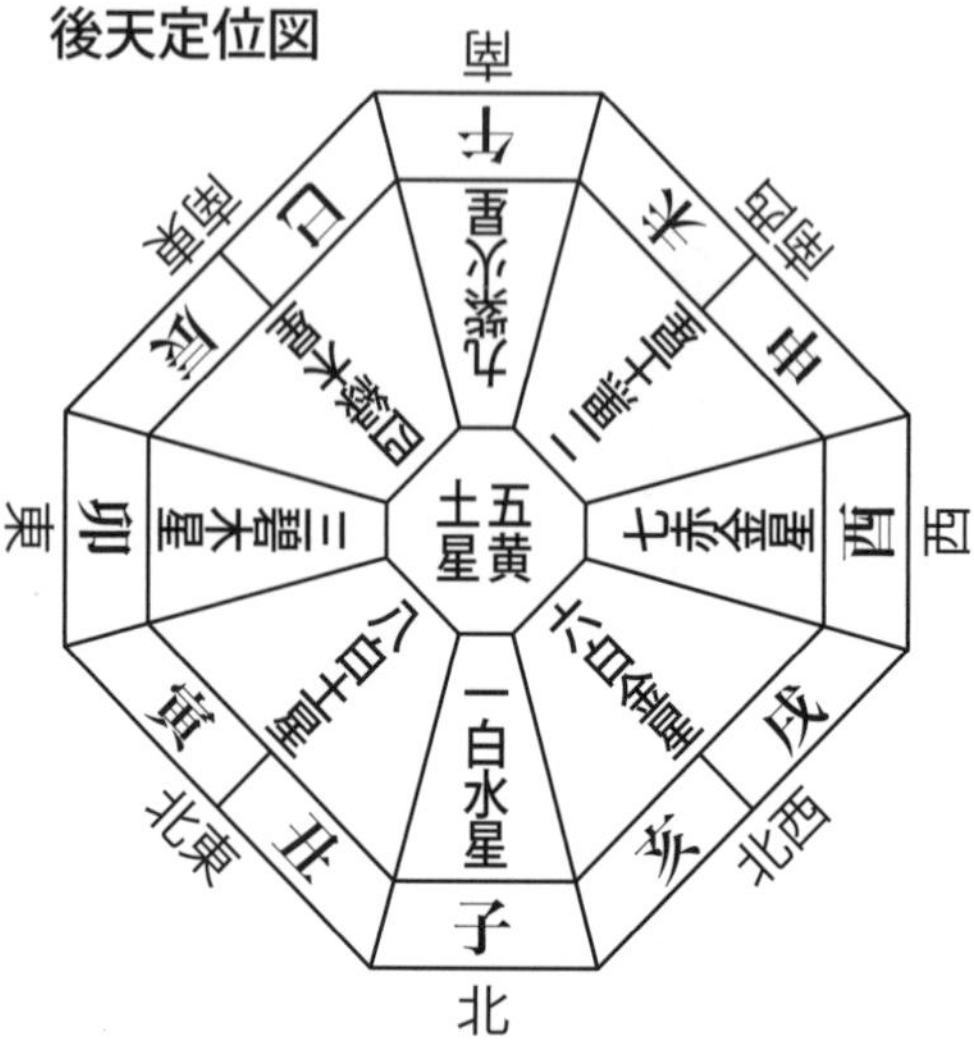

「本命星」と「月命星」という2つを用いることはすでに述べたとおりだ。そして、「本命星」はココロに、「月命星」はカラダに強く影響を与えるということも前述した。

ここからは一歩踏み込んで、それぞれの星の特徴を捉えてみたい。その上で、体質を考えていく必要があると考えている。

上部に「九星気学」の基本となる「後天定位《こうてんじょうい》」という図を掲載しておいた。そちらを見ながら読み進めてもらうと九星の働きが理解しやすいと思う。

一白水星《いっぱくすいせい》（昭和2年、11年、20年、29年、38年、47年、56年、平成2年、11年、20年、29年生まれ）

「一白水星」という星は、その名の通り九星で最も初めに表れる星だ。だから「万初《ばんしょ》」などと呼ばれるわけだけど、その性質は「水」である。水というものを想像してほしい。「冷たい」「下に流れる」「器によって形を変える」「染み込む」というイメージが湧くのではないだろうか。これらはすべて「一白水星」というエネルギーによって起こるものだと「気学」では考える。そして、この「一白水星」という気を生命の中心に持つ人、つまり、本命星が「一白水星」の人はこれらの特徴をココロの中心に持っている。

「冷たい」という意味から、確かにこの星を本命星に持つ人は苦労性の人が多い。だけど、苦労という言葉が「苦しみを労《ねぎら》う」と読むように、苦労をした人ほど人に優しくなれる。だから「一白水星本命」の人は、とにかく優しい人が多い。友人に「一白水星」の人がいれば、愚痴をこぼすには最高。とにかく口を挟まずにゆっくりと話を聴いてくれる。相手が「六白金星」や「九紫火星」だと、「そんなこと言う暇があれば努力の1つくらいしなさいよ！」と逆に叱られてしまうけれど、「一白水星」は決してそんなことは言わない。

そういった優しさに多くの人が癒やしを求め集まることになる。砂漠ではオアシスに人や動物が集まるように、やはり水は生命にとって欠かすことのできないものなのだ。

そういえば、先ほど紹介した坂村真民先生も「一白水星」本命の人だった。彼の詩の1つひとつが、ココロに染み渡るように広がるのは、そういったことが関係しているのだろう。

ただし、「下に流れる」という意味から、方位では北（中国では明るい南を上位とする「君子南面す」）を当てられている。

北は寒くて暗い。どうしてもこの星は必要以上にネガティブになる傾向がある。見た目は明るい人も多いのだけど、自己評価が低くなりがちで、本来の魅力を発揮できていない人が多いのももったいないところだ。周りのことを考える気遣いの素晴らしさはこの星の徳分だけど、いつも思考が散乱してしまうから、1日のうちに10分でいいから、何も考えない時間を持つことが精神衛生上も良いと思う。

水は流れれば川となり、コップに入れればそこに収まるように、外的環境によって形を変える特性がある。だから環境への適応力は抜群で、協調性は九星随一だ。だけど、反面非常に頑固な一面も持つ。シェールオイルを採掘する際には、シェール層という硬い岩盤を破らなければならない。その際に使われるのは水なのだ。水は岩をも砕くのである。だから、こうと思ったら決して信念を曲げることはない。つまり信念の人とも言えるのだ。水はあらゆるところに染み込みながら、必ず海に注ぐ。そんな強さがあることも知っておきたい。

二黒土星《じこくどせい》（昭和10年、19年、28年、37年、46年、55年、平成元年、10年、19年、28年生まれ）

「二黒土星」という星は大地という意味を持ち、「一白水星」の後に表れる気だ。地球が灼熱の溶岩の塊だったころ、ある時から雲が湧き、雨が降り続き大地が形成された。水の後に土というのは、理にかなった説明だと思う。そんな「二黒土星」は、「大地」「従順」「平坦」「田畑」などの意味を持つことになる。

「大地」というのは不思議だ。どれだけ生物に踏みつけられても決して文句を言うことはない。天から雨が降ろうが槍が降ろうが、決して揺らぐことがない。だから「従順」という意味を持つわけだ。その通り、「二黒土星」を本命に持つ人というのは、受容性が高い。器が大きな人が多いのだ。だから、この星を部下や子供に持ったとしたら、さまざまな指示を与えるようにしてみてほしい。どんな指示も、時間はかかるけれど、きちっとやることだろう。ただし、待つことが重要だから、その点は気をつけておきたい。

また、平坦な場所をも表わす。同じ土でも「八白土星」は山だから、決して平坦ではない。「二黒土星」は平坦な土地を担当するから、平凡なことを淡々とこなす力を持っている。目立とうが影役であろうが。いや、役に立つとか立たないとかさえ超えて、やると決めたことは淡々と続ける力がある。だからこの星を本命星に持っていれば、何か毎日続ける習慣を2つくらいは持っておきたい。例えば、靴を脱いだら必ず揃えるとか、椅子はきちんと奥にしまうとか。そんな当たり前のことをきちんとやり続けられることが大切になる。

さらに大地を開墾して田畑を作ることから、この星は「養育」という意味も持つ。田畑は稲や作物が養育される場所だからだ。だからこの星は、物事を育てるのが上手い。

しかし、育つためにはそれなりの時間が必要で、すぐに収穫が得られるものではない。だからこの星は晩年期になるほど運勢が高まっていくことになる。二十代、三十代で世に認められる必要はない星と言える。方位で言えば南西で、時間で言えば午後1～3時を担当することになる。この時間は人間がもっとも働く時間であるから、この星は勤勉な人が多い。

ただし、あまりスピード感がある星ではないから、のんびりと人生と能力を開発する人が多い。ただし、勤勉ゆえに凝り性になることも多く、それゆえ肩こりの人も多い。一生懸命なのもいいが、ときおり力を抜くことを覚えるようにしたい。

三碧木星《さんぺきもくせい》（昭和9年、18年、27年、36年、45年、54年、60年、平成9年、18年、27年生まれ）

大地が生まれ、海に恵まれると、雷が鳴り響き、そのエネルギーにより二酸化炭素が排出されることになる。海に雷が落ちれば、水中に二酸化炭素が広がり、それを主食とする原始的な植物プランクトンが誕生することになる。この雷を「三碧木星」という。

「三碧木星」を本命に持つ人は雷の気質を持っているから、怒らせるとかなり怖い。だけど雷が二日と続くことのないように、翌日にはケロッとしていることが多いから面白いものだ。

雷の主体は音と光だけど、それらには実体がない。つまり「三碧木星」の人の言葉には実体がついてこないことが多い。「あれやりたい」「これやりたい」と言うけれど、実際にそれらを行動に移すことは稀で、ほとんどが「口ばっかり」で終わることになる。だけどこれらは決して悪いわけではなく、感情をすぐに言葉にできる瑞々《みずみず》しい精神性の為せるワザだと捉えたほうが良い。

また、木星とあるように、五行で言えば「木性」が担当することになる。「木性」は前述したように木を伸張させる力だ。だから伸び伸びと生きることが大切だ。あまり未来のことを考えて心配するよりも、目の前の1日1日を新鮮な気持ちで楽しむことが運勢を高めるコツになる。

「一白水星」のようにクヨクヨすることはほとんどない。この星が落ち込んでいたとしたら、相当運勢が落ち込んでいると思ったほうがよい。そういうときは、早寝早起きの生活に切り替えることだ。

「三碧木星」が担当するのは、早朝5〜7時の早朝だ。その時間に朝日を浴びるだけでずいぶんとココロとカラダが整ってくるのがこの星の特徴だと知っておこう。

また、そういう意味から「朝日」もこの星が担当している。朝日は暗闇に光をもたらす存在。だから、家庭や会社が暗く落ち込んでいるときには、この星の明るさが周囲にとって何よりもありがたく感じることになる。

あなたが「三碧木星」の人であれば、そういった光を周囲にもたらすという使命を忘れることのないようにしてほしい。

さらに、声を担当するのもこの星だ。だから、「三碧木星」の声は大きく通る方がよい。逆に言えば、喉が枯れたときは体調も精神も落ち込む予兆であると考えてほしい。

四緑木星《しろくもくせい》（昭和8年、17年、26年、35年、44年、53年、62年、平成8年、17年、26年生まれ）

海で生まれた生命は、さらなる繁栄のステージを陸に求めることになる。単純な細胞構成であった動植物は陸上で多様な生命へと変様を遂げる。幹を高く伸ばし、葉を茂らせ、花を咲かせる。生命の原初を担当する「三碧木星」からもう一段進んだ進化形態を「四緑木星」としている。

「三碧木星」で出来上がった基礎の上に乗った繁栄だから、この星は「三碧木星」のような突破力を特徴とせず、穏やかで柔らかい雰囲気を持つことになる。強固な根の上にゆうゆうと幹を揺らす柳の姿こそ、「四緑木星」の姿なのだ。

そんな特徴から、「四緑木星」は春風のような柔らかさを持った人が多い。周囲に嫌な気持ちを起こさせることのない、まろやかな雰囲気を持っている。この星を本命に持つ人で周囲と対立を起こしたり、アクの強い人は運勢が弱いと言える。あくまでも爽やかで、それでいてどこにいても邪魔にならない。そんな特徴を大切にしてほしいものだ。

また、この星は「木が形を整える」という働きを担っているから、物事を整えるのが上手い。

どんな組織にも「四緑木星」が一人いるだけでスムーズに回りやすい。精神も整っているから、問題行動を起こす人も少ない。「精神の整い」というのは、テンションを一定に保つ力のことをいう。世の成功者で、感情の起伏が大きい人はほとんどいない。いたとしても、それは短期的な成功に終わることが多い。そういう意味からも、この星に大物経営者が何人も名を連ねるのも頷ける。

ほかにも、「長い」ものはすべて四緑木星が担当する。

〝繁栄＝四緑木星＝長い〟だから、昔から長いものは縁起の良いものとされてきた。女性の長い黒髪は女の命とさえ言われるし、結婚式には振り袖を着ていくのも「気学」の思想から出ている。

そもそも縁談というのも遠くとの結びつきを表すから、この星は遠方とのやりとりに強みを持っている。「四緑木星」と数年ぶりに再開したとしても、空白の時間を一瞬で超え、昔と同じように語り合えるから不思議だ。これも「四緑木星」の持つ徳分というものだろう。

ただし、面白いことにこの星は内弁慶《うちべんけい》の傾向があり、家族や身内に非常なる厳しさを持っている。他人に対しては優しさ溢れる対応をするから、「猫をかぶっている」「外面ばかりいい」などと批判を受けることもあるけれど、外にさえ優しくない人だっているのだから、外にだけでも優しいというのは、まあ良いことだと思うのは僕だけだろうか。

五黄土星《ごおうどせい》（昭和7年、16年、25年、34年、43年、52年、61年、平成7年、16年、25年生まれ）

この星は九星の中央に座る星だ。だから「帝王の星」とも呼ばれる。昔から「帝王学」という言葉があるけれど、それは、この「五黄土星」を指した言葉で、この星の持つ哲学は組織運営に欠かせないものがある。中国の最古の医学書は『黄帝内経《こうていだいけい》』と呼ばれるが、これは「五黄の帝王による体内の法則」という意味だ。とにかく、「五黄土星」は帝王という意味を持っている。

そんな中央に座る「五黄土星」の持つ意味合いを見ていこう。

まずこの星は、既出の「四緑木星」と後述する「六白金星」の間に座っている。「四緑木星」は木に花を咲かせる力。「六白金星」は果実を結ぶ力を担当している。その間にある「五黄土星」は花を落とし、果実を膨らませる作用を担当する。つまり、「五黄土星」には「花の死」と「実の生」が同居しているのだ。

「五黄土星」の強さの源泉は「死」を受け入れているところにある。そして、その死を次なる生のために昇華させていく凄みをもっているのだ。だから「五黄土星」を本命に持つ人は死を恐れない。死を見つめるほどに生が輝くことを生まれながらに知っているのだと思う。

また、死んだものは必ず腐敗し、生命を土に還らせる。そういった還元の作用をこの星は持っている。生命が分解される過程では、かならず熱エネルギーが発生する。ぬか床に手を入れるとほんのりと温かいのを感じたことはないだろうか。これは発酵熱と呼ばれるものだ。土というのは基本的に冷たい。だから、「二黒土星」、「八白土星」は、ともに陰気を持っている。「五黄土星」も陰気を持っているけれど、内側には情熱を持っている人が多い。これも「五黄土星」が九星の中でも特殊な星と呼ばれる要因だと思う。

さらに発酵食品というのは、ヨーグルトにしろ納豆にしろ、ほんのり甘い。「五黄土星」の人は一見強面な人が多いけれど、ほんのりとした甘さを持っている。〝死〟という最も受け入れがたいものを受け入れた生命だけが持つ甘い愛の味。この星は本質的に愛のかたまりなのだと思う。

そして、中央を担当するということから、すべてをまとめるという力を担当している。「八紘一宇《はっこういちう》」という言葉がある。何年か前、国会議員が予算委員会で発言し「ファシストだ」なんて批判を受けたけれど、そんな批判はまったく的を射ていない。これは神道の言葉だと理解されているけれど、神道が登場する何百年も前に、気学が明らかにしてきたことだ。これは「八方向に広がる世界（＝八紘）を一つの空間（＝一宇）がまとめている」という意味で、九星八方位の中央に座る「五黄土星」のことを語った言葉なのだ。

発言した議員さんがどれだけこうした東洋思想に通じていたかは知らないけれど、とにかく八方位は「五黄土星」という1つの星によってまとめられている。地球という天体をバラバラに散逸させずに球体にまとめているのも「五黄土星」の力だ。すなわち、重力は「五黄土星」が担当する。だから地球に住んでいる生命はすべて「五黄土星」の力から逃げられない。もっといえば、この星を本命に持つのであれば、そういった地球規模をまとめ上げるようなスケールを持った人間を目指してほしい。

ただし、「五黄土星」の短所としては、内向きの力が強いから出不精《でぶしょう》な人が多い。また、中央を握ろうとすることから、組織内のうわさ話などもすべて把握していないと気が済まない。そういった短所を自覚し改めれば、この星のスケール感は他を圧倒する存在となるだろう。

六白金星《ろっぱくきんせい》（昭和6年、15年、24年、33年、42年、51年、60年、平成6年、15年、24年生まれ）

「六白金星」は「五黄土星」を超え、生命が果実を結ぶ力を担当する。実りというのは、天候や地盤など、さまざまな要因によって結ばれる。だから天の恵みと呼ばれるわけだけど、その力を持つ「六白金星」は「天」と称される。また、六という数字は最小の完全数であり、完成という意味も持っている。

その名に相応しく「六白金星」というのは、本当に完成された生命の特徴を持っている。男性ではイケメンが多いし、女性では美人が多い。流行りの顔とかそういうわけではなく、目鼻立ちがはっきりしていて、造形美として完成されている人が多い。人間的にも良い人が多く、頼まれれば嫌とは言わない。その上、しっかりと期待に応えるから周囲からは頼りになるともっぱらの評判だろう。完璧主義で、まことに一生懸命な星だから、見ていて清々しい。

そして、果実を結ぶことを「結果」というわけで、この星は結果にこだわる星だ。プロセスはあまり気にしないから、大胆な行動に出ることも多い。

ただし、本人としては計算をしっかりとした上での行動だから、周囲の驚きとは裏腹に平然と課題をクリアしていく。

また、「天はあまねくすべてに光を与える」ことから、公平性を大切にする。依怙贔屓《えこひいき》などはしないから、さっぱりと付き合えるのも良いところだと思う。

さらに、「天は見返りを要求しない」ことから、奉仕という意味もある。だから、この星が部下としてついてきてくれるようになれば、その上司も立派な人だといえる。この星は誰にでも奉仕するというわけでなく、自分が認めた人にしか尽くすことはない。

北西という寒く暗く太陽が沈む場所を担当するから、苦労も厭《いと》わない。家族にひとり、「六白金星」がいれば、本当に心強いと思う。

弱点といえば、その一生懸命すぎるところだろう。「陽極まれば陰生ず」というように、頑張りすぎればココロが折れる。「六白金星」というように、金性の中でもことさら硬い「白金」を担当しているから、折れるときは曲がったりせずに真っ二つに折れる。

また、「北西に落ちる」という意味からも、この星は人生の中で必ず一度は大きな挫折を経験する。そのときに、もう一度立ち上がることができるかどうかで、この星の運勢は大きく変わることになる。

七赤金星《しちせききんせい》（昭和5年、14年、23年、32年、41年、50年、59年、平成5年、14年、23年生まれ）

「六白金星」で結ばれた果実を収穫するのが「七赤金星」の作用となる。

方位で言えば、西。時間で言えば17〜19時を担当することになる。ちょうど仕事も終わって、家に帰るまでの間の時間。

「ちょっと馴染みの居酒屋でいっぱい引っ掛けて…」

なんて、1日のうちで一番楽しい時間だろう。そこでこの星は「悦《よろこ》び」を担当することになる。「悦び」と一口に言ってもさまざまだけど、この星は生命の悦びをすべて担当している。経済的な悦び、物質的に満たされる悦び、恋人がいるという人間関係の悦び、ご飯を食べる悦び、悦びを誰かに伝え、そして共感してもらえる悦び、そして、それらの悦びを享受できるという肉体的な悦びまでをもこの星が担当している。

だから、西方極楽浄土というのは、中国で「気学」と「仏教」が交わってできた概念なのだ。七福神というのも「七赤金星」の七から取っている。意外と我々の身の回りに「気学」というものが気づかないうちに根ざしていることがわかるだろう。

話は逸れたけど、これらの意味合いから、「七赤金星」を本命に持つ人はいつも楽しそうだ。付き合って楽しい人が多い。

しかし、西を担当し、夕日を担当することから、朝日を担当する「三碧木星」のような明るさは持っていない。どことなくさみしげな雰囲気をもっているから、それがまた可愛らしさをもたらせて、異性からの支持を取り付ける要因となる。

同じ「金性」とはいえ、「六白金星」とは大きく違う。「六白金星」は白金だったけれど、「七赤金星」は赤金だ。つまり火に入れられた鉄なのだ。鉄は熱いうちに打てば素晴らしい鉄器へと変化を遂げる。だから、「六白金星」のようにしっかりとしていない分、変化に強い。

また、果実というのは、収穫した分のうち、可食部は一部に限られる。つまり「六白金星」の実りから食べられない部分を除いたものが「七赤金星」で、「六白金星」の「完成」に対して、七赤金星は「不足」という意味を持っている。だから、ちょっと抜けたところが特徴なのだけど、それも魅力のうちだろう。

気をつけたいのが不足を担当することから、他人の不足にもよく気づくところ。それがいずれ不満になり、不貞腐《ふてくさ》れとなりやすい点には注意をしておくようにしたい。

八白土星《はっぱくどせい》（昭和4年、13年、22年、31年、40年、49年、58年、平成4年、13年、22年、31生まれ）

「七赤金星」の収穫の悦びを超えたところにある土星が「八白土星」だ。果実を収穫しても、その日にすべて食べてしまっては、翌日からまた飢えることになる。そこで「八白土星」の作用というのは、成功を一過性で終わらせないために「相続」という働きを持つ。「貯蓄」と言ってもよいかも知れない。だから「八白土星」の人は、蓄える力が強い。この星で中年期くらいまでに、ある程度の資産形成ができていなければ、運勢が弱いと言えるだろう。

また、方位では北東を担当している。この北東には「丑」と「寅」という十二支がいる。

丑は牛、寅は虎という動物を割り当てられているのだが、牛は角、虎は牙を持っている。角と牙を同時に持つ動物は、この世に存在しない。弱点がなければ、生命は繁栄しないという法則をもっているからだ。だからこの角と牙を持つ「八白土星」を想像上の動物「鬼」と規定し、北東を「鬼門」と呼ぶことになった。

弱点を認めず、より強くなろうとする、そういった自然の摂理に反した精神作用を「強欲」と呼ぶ。節分で鬼を豆で払うけれど、あの鬼というのは外的なものではない。自分のココロに巣食う強欲さなのだ。とにかく八白土星には「強欲」という意味がある。

また、「八白土星」というのは、白い土で、それは山の上の土を意味している。だから「八白土星」には「山」という意味がある。山を登るのは平地を歩くよりも遥かに困難で、何度も停滞を余儀なくされる。だからこの星には「停滞」「停止」という意味がある。

そのために「八白土星」の人は、人生中、何度も停止を経験することになる。だけど、そうして登った山頂には、登った人にしか見えない景色が広がっているのだ。何度も何度も停滞しながら進むさまは、他の人から見たら不器用としか思えないだろうけれど、それがこの星の特徴なのだから理解しておくようにしたい。少しずつ高みを目指し歩み続け、いずれ未踏の地にたどり着く。晩年期に花咲く星だ。

九紫火星《きゅうしかせい》（昭和3年、12年、21年、30年、39年、48年、57年、平成3年、12年、21年、30生まれ）

そして、九星の最後に用意されているのが「九紫火星」だ。

「九紫火星」は紫の炎で、非常に高温の火を意味している。だからこの星はエネルギッシュな人が多く、華々しい活躍をする人がさまざまな業界に登場する。ただし、東洋の数字の概念で「九」は最高という意味を持っている。担当する方位も最上位を表す南だから、この星の気位の高さがわかることだろう。それは悪く出れば、「見下す」という意味ももっているから注意したい。この星と話をすると、何となく自分がバカにされた感覚を持つ人も多いだろう。

またカラダで言えば、最も高い位置にあるのは頭だ。だからこの星は頭脳活動を担当している。そういうことから、頭が良く、アイディアが優れている。未来を見通す先見の明があるから、発明家などに多い。今年、ＮＨＫの朝ドラのモデルになった安藤百福《あんどうももふく》も「九紫火星」だし、スティーブ・ジョブズも同様である。頭脳活動を行うための主な情報収集器官は目だ。だからこの星の人は目が輝いている人が多い。この星を「本命星」に持っていて、目が輝いていないとすれば、かなりの挫折感を手放せていないことが多い。

さらに火というのは、何かについていなければ存在できない。木であったり、ろうそくの芯であったり。とにかく火というのは物質の急激な酸化反応のことであって、実体そのものはないから、実体のあるものと一緒にいなければ存在できない。だから、この星には「麗《つら》なる」という意味があって、ペアのものはすべて「九紫火星」が担当している。

目や乳房がカラダでは代表だけど、物でいえば、自転車だったりメガネなども「九紫火星」の気を持っている。人生でもペアが大切になるから、誰とともに歩むか、ということを真剣に考える必要があるだろう。

以上、九星について、それぞれ簡単に説明させていただいた（ただし九星気学では2月の立春からはじまり、翌年の節分までを1年とするので注意）。もっと詳細に書こうとすれば、1つの星の解説だけで1冊の本が出来上がってしまうほどの量になる。そのくらい九星というのは多岐に渡るわけだけど、本書は体質を鑑定するのが目的であるため、このくらいにしておこう。

◎本命星と月命星

そうすると、ここまで説明したような概念をもったエネルギーが、ここの本命星と月命星に割り当てられることになる。

昭和39年10月16日生まれであれば、〈本命星：九紫火星〉〈月命星：六白金星〉の人となり、九紫火星の年の六白金星の月に生まれてきたということだ。その年、その月の中心にいる気の影響を強く受けて、ココロとカラダが出来上がっていると考えるといいだろう（月命星は次頁参照）。

前述したように、本命星はココロに強く影響し、月命星はカラダを作っていく。だから、体質鑑定でより重要なのは、月命星の鑑定力を高めることになる。詳しい鑑定法はとても書籍でお伝えできるものではないから、簡単な原則を紹介するに留めたいと思う。それでも初心者には十分な鑑定になるから、ぜひとも覚えておこう。

簡易月命星の出し方表

誕生月＼本命星	一白水星 四緑木星 七赤金星	二黒土星 五黄土星 八白土星	三碧木星 六白金星 九紫火星
2月4日〜	八白土星	二黒土星	五黄土星
3月6日〜	七赤金星	一白水星	四緑木星
4月5日〜	六白金星	九紫火星	三碧木星
5月6日〜	五黄土星	八白土星	二黒土星
6月6日〜	四緑木星	七赤金星	一白水星
7月7日〜	三碧木星	六白金星	九紫火星
8月8日〜	二黒土星	五黄土星	八白土星
9月8日〜	一白水星	四緑木星	七赤金星
10月9日〜	九紫火星	三碧木星	六白金星
11月8日〜	八白土星	二黒土星	五黄土星
12月7日〜	七赤金星	一白水星	四緑木星
1月6日〜	六白金星	九紫火星	三碧木星

＊月替りは年により変わる場合があるので暦を参照のこと

◎月命星はほとんどの場合弱点になる

人は十月十日《とつきとおか》の間、母胎にいて、その後この世に生まれてくる。母胎の中では、接点が母親だけだから社会性は身につかない。だからこの10ヶ月間でカラダを作っていくことになる。十月十日というけれど、これは旧暦での話で、太陰暦ならひと月は28日間だから、十月十日は290日となる。およそ41週、10ヶ月弱だ。

最終月経の初日が0週0日だから、実際の着床はすでに妊娠2週となっている。そう考えれば、ほぼ新暦9ヶ月間をまるっと母親の胎内で過ごすことになる。

ここまで書けば、すでに勘のいい読者の方ならば気づかれると思うが、胎児は胎内で九星すべてを経験してからこの世に生まれることになる。この9ヶ月で、カラダのすべてのパーツを完成させて、社会に出てくるのだ。

カラダの部位を表す漢字に「月」がつくことも納得いただけるのではないか。ただし、お子さんを持つ読者の方ならわかるだろうけれど、予定日通りに生まれることはほとんどない。出産予定日というのは妊娠40週0日のことだけど、臨月は36週0日～39週6日だから、予定日前の1ヶ月間はいつ生まれてもおかしくない。出産予定日がまるっと9ヶ月なのだから、それより出産が早まれば最後の1ヶ月間は少し不足した形で生まれることになる。それゆえに、月命星はカラダ上の弱点となりやすいのだ。

例えば、月命星が「八白土星」の場合、「八白土星」の担当するカラダの部位（＝身体象と呼ぶ）は関節や耳などの出っ張った部分となる。だからその場合、カラダの関節に弱点があることが多い。腰痛を起こしやすかったり、外耳炎になりやすかったりする傾向がある。もちろん、予定日を超えて生まれた人や、出生体重が大きい人などはこの傾向が少なかったりするから、あくまでも参考に留めておくのがいいだろう。

身体象と病象（病気を九星に割り当てたもの）は、巻末に一覧にしたので参照されたい。

月命星が「一白水星」の人

腎臓・膀胱などの体内の水に関わる部分に問題が出やすい。腎臓は先天的な生命エネルギーの根源（先天の精）と考えられているから、基本的にあまりカラダが強くない。水の排出に問題が出ることが多いから、カラダは冷えがちでむくみが出やすい。水を剋すのは土だから、消化器に負荷をかけると腎臓も痛みやすい。食べ過ぎに特に注意したい月命星だ。

月命星が「二黒土星」の人

胃・十二指腸にトラブルが出やすい。また肩こりや便秘・下痢が出やすいのも特徴。消化器は「後天の精」とも呼ばれる生命エネルギーを産出する場所であるから、ここに弱点を持つと疲れやすかったり、やる気が出にくかったりする。

また、「二黒土星」には「母」という意味があり、女性性を司ることから子宮などの問題は出やすい。月経不順なども起こりやすいから、早めに漢方医や鍼灸師の先生に相談して、カラダを温める工夫が必要になりそうだ。

月命星が「三碧木星」の人

音を担当する「三碧木星」は、カラダでは声帯を担当している。音は振動であるから、カラダの中で震える部分はすべて「三碧木星」の担当となる。咽頭も「三碧木星」が担当になるから、喉の問題はほとんど関係すると考えていい。

また、「木性」の陽の星であるから五臓六腑の胆は「三碧木星」となる。だから月命星に「三碧木星」を持つと、胆力に欠けるところがある。今ひとつ勇気や決断力に欠けるし、さらに進めばヒステリーやノイローゼにもなりかねない。また、花粉症などにもなりやすいのが特徴。

月命星が「四緑木星」の人

「木性」の陰であることから、肝臓の働きは「四緑木星」が担当する。また、風という意味から呼吸器も「四緑木星」となる。特に肺に入るまでの部分を指すから、気管支炎や喘息などになりやすかったりする。

また、肝は筋を司っているため、筋肉の問題や神経痛を起こしやすいことに注意しておきたい。さらに肝は疏泄《そせつ》（気血をスムーズに全身に巡らせる働き）を担当することから、リンパ液の流れや血行も「四緑木星」が担当することになる。加えて、「四緑木星」は整うという意味をもっているから、割と手足が大きく、整った体つきをしている人が多い。

月命星が「五黄土星」の人

九星で最も力を持っている星を「月命星」に持てば、カラダの持つ力も最大と言える。この月命星の人は、カラダの持つ底力が強いから、非常に頑張り屋さんが多い。肉体労働や残業なども不満を言わずに取り組むから、頼りになる。反面、カラダに疲れを溜めやすい傾向があるから、意識的に休みをしっかりと取るようにしたい。

「五黄土星」に腐敗という意味があるが、腐敗というのは内部から壊滅していくことを指す。疲れが内面に蓄積されやすい星だ。「五黄土星」は入ってきたものを破壊し、再生し再構築させる機能を担当している。そういう意味では内臓全般を担当するとは言え、やはり消化器の働きがメインとなる。そこに弱点があるから、やはり食べ過ぎに注意しておきたい。

また、突如襲ってくる死病も「五黄土星」が担当する。脳溢血や難病、ガンといったものになりやすいから注意。なりやすいというよりも、それらの兆候を隠しやすいと言った方が正確だろう。そういう意味で、健康診断は怠ってはいけない。

ケンカに強いのが特徴で周囲との間に起きたトラブルを抑え込む力も持つから、その分頼りにされてストレスが溜まりやすい傾向にあることも知っておきたい。

月命星が「六白金星」の人

六白金星は別名「乾《いぬい》」とも呼ばれる。音読みすれば、「けん」であり、健に通じる気を持っている。だから九星の中で最も健康的な星だ。

「何事もカラダが資本」というように、カラダの強さは目標達成能力と直結している。だから、この星を月命星に持てば、目標に向かって一直線に走り続けるカラダの力を持っていると理解しておきたい。だからこそ、この星は休みを意識的に取ることが重要になる。カラダはどこまでも「まだ大丈夫」というシグナルを送るけれど、疲れは確実に蓄積されている。

カラダでは心臓や脳のハード面を担当している。また動脈なども担当するから、循環器系に弱点があることは指摘しておきたい。「金性」の陽だから、肺を担当している。

月命星が「七赤金星」の人

「七赤金星」は実りを収穫して味わう働きだから、モノをカラダに取り込む作用はすべて「七赤金星」の担当となる。だから、口というのが最も特徴的な身体象だ。

この星を月命星に持てば、歯が悪い人が多いから、口腔ケアは欠かさないようにしたい。歯周病が全身に及ぼす影響の大きさは、昨今、注目を集めている。食べるというのは生命活動に欠かせないから、その入口を担当する口の働きは何よりも大切だ。

また、呼吸器も「四緑木星」とともに担当する。臓器に対する外気の出入りを担当するから、肺そのものの働きは「七赤金星」が強い。そして金性の陰だから、大腸の働きにも注意しておこう。

月命星が「八白土星」の人

カラダは山のようにガッチリとしている人が多いのが特徴。筋肉質な人が多く、カラダは丈夫そうに見える。ただし、「停止」という意味があるから、体内の活動を急激に止める人が多い。つまり、元気だと思っていたのに急に倒れるとか、大した病気じゃないと思っていても、急激に悪化するとか。そういった急な変化が大きいから、日頃の健康診断と養生が欠かせないタイプだ。

また、関節に弱点が出てくるから、注意しておきたい。漢方でいう湿の病気になりやすかったりする。さらに、カラダの中で出っ張った部分はすべて「八白土星」が担当する。外耳、鼻、男性器などの病気にも注意しておきたい。

月命星が「九紫火星」の人

血圧や脳のソフト面を担当する。また、眼も「九紫火星」が担当しているから、これらの病気には注意しておきたい。

基本的に視力が悪い人が多い。不整脈などは「九紫火星」の症状になるし、脳のソフト面という意味で、ノイローゼやパーキンソン病も「九紫火星」が担当する。アルツハイマーや認知症なども「九紫火星」の影響するところである。

また、高熱もこの星が担当しているから、熱を出せば一気に上がるタイプ。頭という意味から、頭痛持ちが多いことも知っておきたい。また結膜炎などにもかかりやすい人が多いから、プールの季節には十分に注意をするように。あまりカラダが強いタイプとはいえないので、休息と栄養の取り方などの養生法を身につけることが、健康に生きるための重要なポイントになる。

◎本命星と月命星の関わり

本命星と月命星の関わりに関しては、「傾斜鑑法《けいしゃかんぽう》」「傾斜法《けいしゃほう》」などと呼ばれる鑑定法により、さまざまなことが観えてくることになる。ただし、これらはかなり専門的になるので、ここでは語らないこととしよう。もっと簡単に扱えるものとして、本命星の九星と月命星の九星が相生の関係にあるのか、相剋の関係にあるのか、で観えてくるものがある。

本命星が月命星を剋す場合

例えば、僕は〈本命星：九紫火星〉〈月命星：六白金星〉だ。本命星と月命星は、「火剋金」で相剋の関係にある（30頁の図参照）。

この場合、本命星の働きはココロの作用と前述しているが、ココロによって行われる活動はすべて本命星が担当するとここで付け加えておきたい。だから、運勢の主体は本命星で鑑定するわけだけど、例えば働くというのも精神の社会的な発露なわけだから、本命星の働きとなる。つまり働けば働くほど、本命星の働きが強くなる。すると、当然、相剋である月命星の「六白金星」を強く痛めつけることになる。だから、本命星が月命星を剋する場合は、働くほどにカラダが傷つけられるということになる。つまり月命星に「六白金星」という「健」の星を持っていたとしても、働きすぎはすぐさま病に直結しやすいのだ。だから、こういうタイプの人が施術に来たときは、有給休暇などを活用して、じっくりと養生することをオススメすることにしている。

月命星が本命星を剋す場合

逆に、〈本命星：三碧木星〉〈月命星：七赤金星〉だとしたら、カラダの不調が仕事に影響することとなる。だから、病気をすれば運勢もガクッと落ちるタイプになる。だから、仕事を頑張る前にカラダを整えることが、仕事をうまく進めるポイントとなる。自分が一体どちらのタイプなのか？　この点は知っておいて損はないと思う。

本命星と月命星が相生の場合

一方で本命星と月命星が相生の関係になっている場合。

例えば、〈本命星：六白金星〉〈月命星：八白土星〉の人の場合。五行というのは独立して存在しているわけではなく、3分の1が重なりながら「木火土金水」と循環している（下の図参照）。つまり金の3分の1は土であり、水でもある。金性のオリジナルは3分の1に過ぎないのだ。そして、生命はこの五行のバランスが大切なのだが、本命星と月命星が相生の場合、全く含まれない五行が生じることになる。

前述の〈本命星：六白金星〉〈月命星：八白土星〉の場合、「木性」がまったく含まれていないことになる。だからこの人は「木性」に弱点がある。体質的な弱点というよりも、性格的な弱点の色合いが強いけれど、例えば、「木性」の弱点とすれば、早起きが苦手だったり、溌剌とした雰囲気がなかったりする。また、インターネットなどに疎《うと》かったりなどの特徴もある。こういった部分を積極的に補っていくことが、運勢上も養生の上でも大切になるから覚えておきたい。また、この考え方は後述する姓名鑑定でも同様の考え方を取ることになることを付け加えておこう。

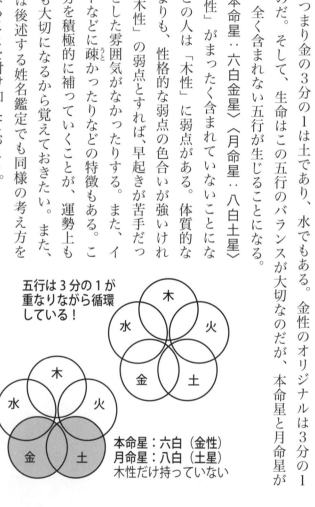

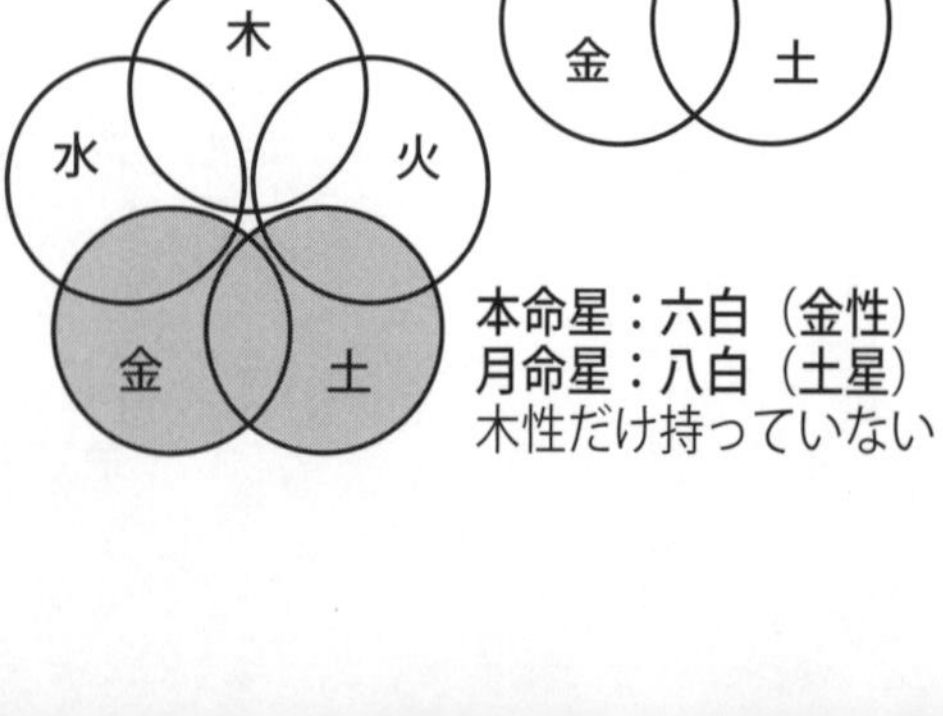

◎病気や怪我の原因と今後を類推する

九星を用いた体質の鑑定のテクニックとして、最後に病気や怪我の原因と今後の類推の仕方をお伝えしておこう。

こちらもかなり難しい鑑定になるから、一部のみをお伝えすることになる。この鑑定法はかなり有用だけど、医師の診断をより優先させるべきだから、その点は間違えないようにしてもらいたい。あくまでも鑑定に過ぎず、未来は本人の努力でどうにでもなるということを忘れないように。あくまでも目安として活用してほしい。

1　病気や怪我の九星を確定する

では、実際の鑑定方法をみていこう。この鑑定を行うには病気や怪我の九星をまず確定させる必要がある。すべての気に九星があるのだから、当然病気や怪我にも九星がある。代表的な病気を巻末の「身体象・病象」を表にまとめておいた。例えば、ギックリ腰なら「八白土星」の気を持っているし、口内炎なら「七赤金星」でみることになる。同じ病名が複数の九星のところに掲載されている場合があるけれど、病気の内容を詳細にみれば、どの九星を採用すべきかが観えてくる。これには相応の訓練が必要だから、九星の勉強を深める必要がある。最初の頃は、念のため、該当するすべての九星をチェックしておくのが賢明だろう。その上で鑑定を繰り返しつつ、精度を上げていくのがよいと思う。

2　病気や怪我の発症のタイミングを確定させる

次にその病気や怪我が「いつ」起きたのかを知ることが必要になる。その発症のタイミングにより「年盤」と「月盤」を確定させなければ鑑定ができないからだ。

例えば、２０１９年４月15日にギックリ腰になったとしたら、そのときの年盤は「八白土星中宮」、月盤は「九紫火星中宮」となる。ただし、仮に２０１９年４月１日に発症であれば、月盤は「一白水星中宮」となるから注意が必要だ。きちんと暦《こよみ》を見て、「二十四節気《にじゅうしせっき》」を基準にした月の切替を行ってほしい（ちなみに、１年の始まりは２月の立春から翌年の節分まで）。

3 相談者の本命星と月命星および最大吉方を確定させる

その次に相談者の本命星と月命星を確定させる。そして、次頁の表を使い、「最大吉方」というものを確定させよう。

本書は運勢ではなく、「体質鑑定」を目的としているので、最大吉方について詳しくは説明しないが、この鑑定にはどうしても必要だから、表に従って割り出してもらいたい。

例えば、僕は１９８２年10月9日生まれだから、〈本命星：九紫火星〉〈月命星：六白金星〉。そして〈最大吉方：二黒土星、八白土星〉となる（注意・五黄土星は、腐敗を意味することから吉方としては使えない。「五大凶方を知る」81頁参照）。

この４つの星を駆使しながら鑑定を進めることになる。人によっては最大吉方が１つしかない人もいれば、４つある人もいる。これは良い悪いではなく、あくまでも個性だと捉えたい。ただし、鑑定を進めればわかることだが、最大吉方が１つしかない人は、病気や怪我になったときに回復が遅れがちだ。だから、より養生に努める必要があるということは、あらかじめお伝えしておこう。

最大吉方早見表

本命星＼月命星	一白水星	二黒土星	三碧木星	四緑木星	五黄土星	六白金星	七赤金星	八白土星	九紫火星
一白水星	三碧木星 四緑木星	六白金星 七赤金星	四緑木星	三碧木星	六白金星 七赤金星	七赤金星	六白金星	六白金星 七赤金星	三碧木星 四緑木星
二黒土星	六白金星 七赤金星	八白土星 七赤金星	九紫火星	九紫火星	九紫火星 八白土星 六白金星 七赤金星	八白土星 七赤金星	八白土星 六白金星	九紫火星 六白金星 七赤金星	八白土星
三碧木星	四緑木星	九紫火星	九紫火星 一白水星	一白水星 九紫火星	九紫火星	一白水星	一白水星	九紫火星	四緑木星
四緑木星	三碧木星	九紫火星	一白水星 九紫火星	一白水星 九紫火星	九紫火星	一白水星	一白水星	九紫火星	三碧木星
五黄土星	六白金星 七赤金星	九紫火星 八白土星 六白金星 七赤金星	九紫火星	九紫火星	＊	二黒土星 八白土星 七赤金星	二黒土星 八白土星 六白金星	九紫火星 二黒土星 六白金星 七赤金星	二黒土星 八白土星
六白金星	七赤金星	八白土星 七赤金星	一白水星	一白水星	二黒土星 八白土星 七赤金星	八白土星 七赤金星	二黒土星 八白土星 一白水星	二黒土星 七赤金星	二黒土星 八白土星
七赤金星	六白金星	八白土星 六白金星	一白水星	一白水星	二黒土星 八白土星 六白金星	二黒土星 八白土星 一白水星	二黒土星 六白金星	二黒土星 六白金星	二黒土星 八白土星
八白土星	六白金星 七赤金星	九紫火星 六白金星 七赤金星	九紫火星	九紫火星	九紫火星 二黒土星 六白金星 七赤金星	二黒土星 七赤金星	二黒土星 六白金星	二黒土星 六白金星	二黒土星
九紫火星	三碧木星 四緑木星	八白土星	四緑木星	三碧木星	二黒土星 八白土星	二黒土星 八白土星	二黒土星 八白土星	二黒土星	三碧木星 四緑木星

＊ 男性の場合→最大吉方：二黒土星、八白土星、六白金星
女性の場合→最大吉方：二黒土星、八白土星、七赤金星

4　五大凶方を知る

ここまでできたら、「2　病気や怪我の発症のタイミングを確定させる」で割り出した「年盤」と「月盤」に再度目を向けてほしい。これらは「遁甲盤《とんこうばん》」とも呼ばれ、毎年、毎月変わっていく気の配置を表した図だ。既出の「後天定位」というのは、気の基本配置だ。だから、例えば2019年盤上では、「一白水星」は、「後天定位の西に廻座《かいざ》する」と言う。「三碧木星」なら「南の九紫火星の方位に廻座している」などと表現することになる。この言い回しは、今後よく出てくるから覚えておかなければならない。

次の頁の見開き左、83頁の図を見ると、八方位にアミがかけられた部分がある。これが三大凶方と呼ばれるものだ。この三大凶方はどの流派でも同じ、「九星気学」を学ぶ基礎中の基礎となっている。それを次に紹介しておく必要があるだろう。

・五黄殺《ごおうさつ》

年盤、月盤で「五黄土星」が廻座する場所は凶方位となる。すべての人にとって、自壊の作用が働く方位とされている。2019年は南西の後天定位で二黒土星の方位が五黄殺方位となる。

・**暗剣殺**《あんけんさつ》

年盤、月盤で「五黄土星」が廻座する方位の向かい側（＝対冲《たいちゅう》という）を暗剣殺方位という凶方位とする。他動的な難が生じる方位とされている。２０１９年は北東の後天定位で「八白土星」の方位が暗剣殺方位となり、そこに廻座しているのが、「二黒土星」である。

・**破壊殺**《はかいさつ》

年盤、月盤の十二支の本座（本来の場所、例えば子であれば北）の対冲（向かい合う方位）を破壊殺方位という凶方位とする。腐敗の作用が生じる方位とされている。２０１９年は亥年だから、その対冲の「巳」の方が破壊殺となる。

これら3つは、どの気学の暦の上にも書かれている殺方位だから、割と見落としはないと思う。ここまでで五大凶方のうち、３つを学んだ。残り2つは、相談者の本命星と月命星を用いることになる。人によって異なるから慎重に鑑定を進めてほしい。

2019年（己亥八白土星中宮）の年盤

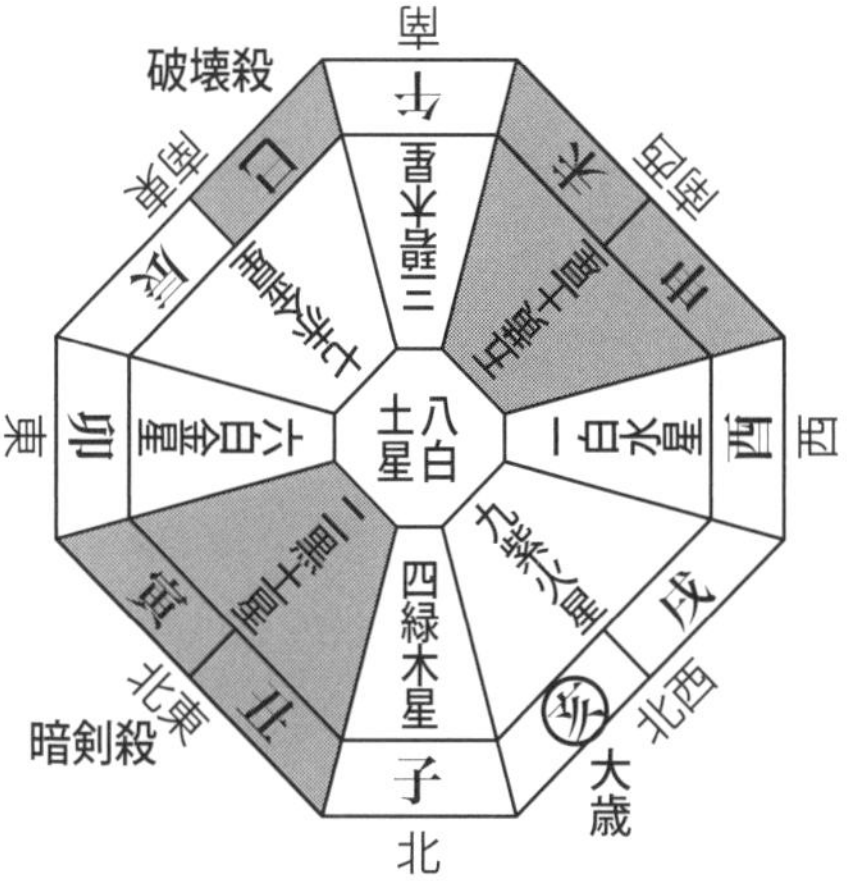

*○大歳《たいさい》とはその年の十二支

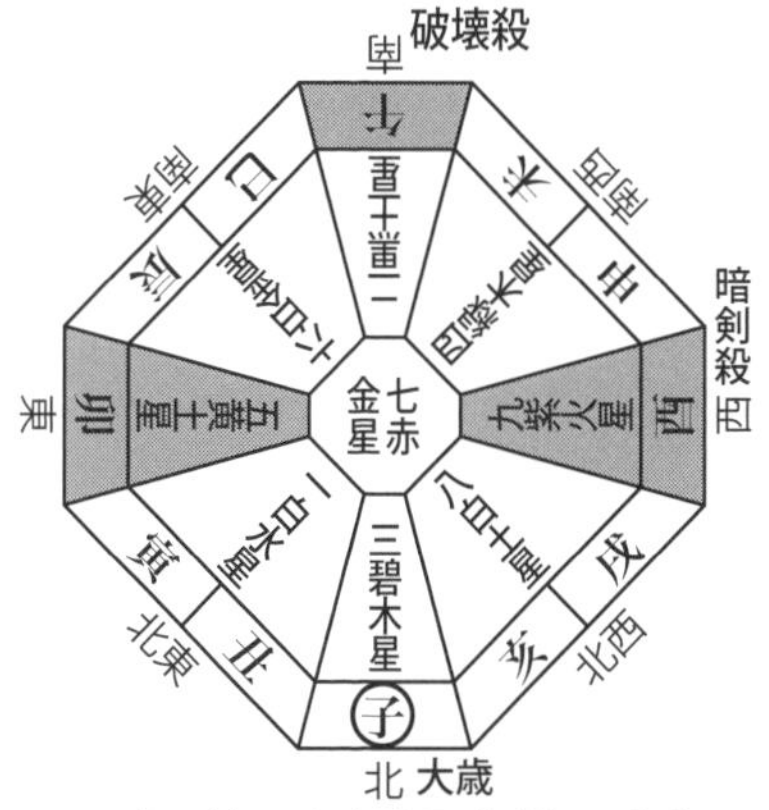

2020年（庚子七赤金星中宮）の年盤

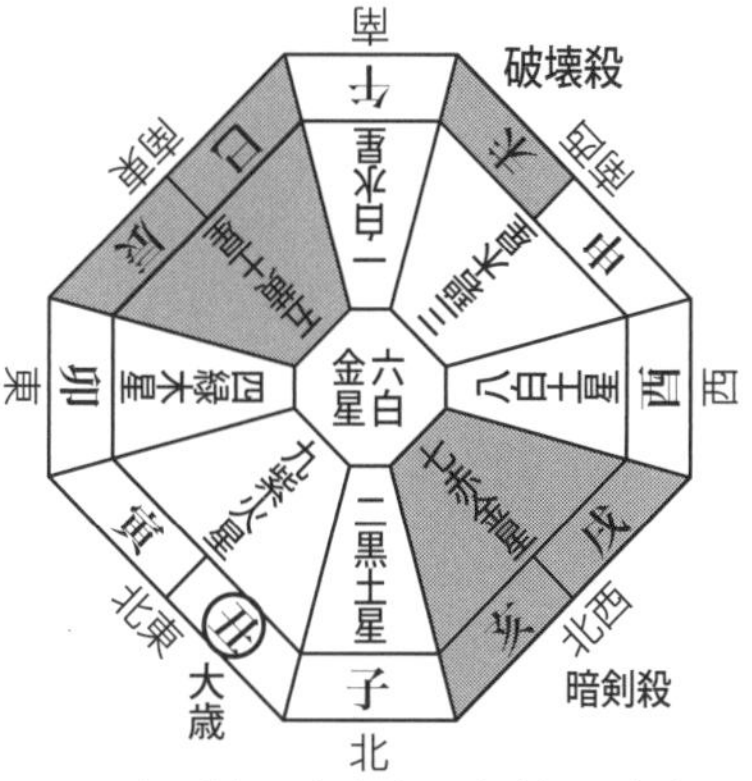

2021年（辛丑六白金星中宮）の年盤

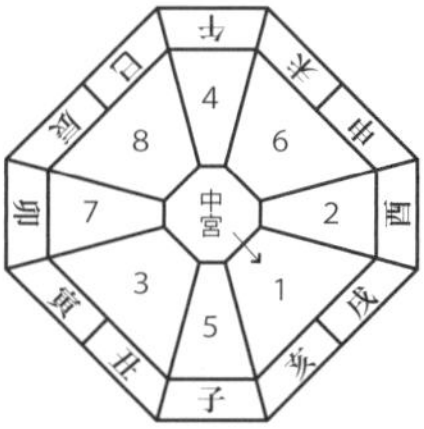

九星の廻座のしかた

中宮から1→2→3
→4→5→6→7
→8→中宮にもどる。

・本命殺《ほんめいさつ》（月命殺）

年盤、月盤で本命星・月命星が廻座する方位を本命殺（月命星の廻座する方位を特に月命殺と呼ぶこともある）という凶方位とする。

例えば僕の場合、〈本命星：九紫火星〉〈月命星：六白金星〉だから、２０１９年盤上では「九紫火星」が廻座する北西と「六白金星」が廻座する東が本命殺（東は月命殺方位とも呼ぶ）方位となる。

・的殺《てきさつ》（月命的殺）

年盤、月盤で本命星・月命星が廻座する方位の対冲を的殺（月命星の廻座する方位の対冲を特に月命的殺と呼ぶこともある）という凶方位とする。

例えば僕の場合、〈本命星：九紫火星〉〈月命星：六白金星〉だから、２０１９年盤上では「九紫火星」が廻座する北西の対冲の南東と「六白金星」が廻座する東の対冲の西が的殺（西は月命的殺方位とも呼ぶ）方位となる。

これらの五大凶方により、八方位のうち最大七方位が凶方位となる。気をつけていただ

五大凶殺

	凶作用の現象	心構えと対処法
五黄殺	腐敗の気を持っている。心がふてくされようとしている。ワガママな気持ちが強くなっている。	①明るい笑顔で生活する。②始めに相手の要望を聞き、自分の主張を押し通さない。③怒らない、イライラしない。
暗剣殺	ふてくされのとばっちりを受ける。問題や嫌なことから目を背けようとしている。人のせいにしてばかりいる。誰かを排除しようとしている。	①相手を傷つけやすいから注意。②恩人にお礼の言葉を忘れない。③一時停止と赤信号に気をつけて。
破壊殺	物事がうまく進まない。自分の正義を相手に押しつけようとしている。相手の可能性を奪おうとしている。	①自分の目標をしっかりと。②予定通りに進まずとも、不満を言わずに対応する。③あきらめない。④事故やケガに注意。
本命殺	無理をしている。使命を果たしていない。生命の使い方を間違えている。	①無理をしない。②自分の役割を自覚する。③わがままを通さない、人に強制しない。
的殺	自分の使命から目を背けている。目標が間違っている。目標や夢を失くしてしまう。	①予定と違っていても驚かないこと。②目的をいつまでも固定しないこと。

きたい点は、九星八方位に対して、十二支は十二方位だから、南東、南西、北西、北東の四方位はそれぞれ二分割ずつすることになる。僕たちの流派（社会運勢学会）が採用している盤面の形を「30度、60度盤」と呼ぶが、流派によっては「45度盤」といって、八方位を均等に分割したものを採用するところもある。どちらが正しいとかは置いておいて、この体質鑑定を行っていくには「30度、60度盤」を使っていくということを知っておいてほしい。

ここに五大凶方位、殺方位の意味と心構えを簡単にまとめて掲載しておく。参考にしてほしい。

5　実際に鑑定をしてみよう

それでは、ここまでで準備したものを使い、実際に鑑定をしてみたいと思う。

例として、相談者を僕と同じ星、症状をギックリ腰、発症を２０１９年4月15日として観てみることとする（89頁の月盤表を参照）。

この鑑定は、

イ　病気の九星を確定し、後天定位上に乗せる
ロ　後天定位と年盤を重ねて原因を究明する
ハ　後天定位と月盤を重ねて未来を類推する

というステップを経ていくことになる。では、順番に見ていこう。

イ　病気の九星を確定し、後天定位上に乗せる

まずはギックリ腰の九星を確定させる必要がある。前述したように、83頁の２０１９年

年盤の図を見て、担当する九星を見つける。ギックリ腰は九星では「八白土星」の病気となる。次に、後天定位で八白土星の方位である北東にチェックを入れる。

ロ　後天定位と年盤を重ねて原因を究明する

次に症状の九星の本座である北東の位置の年盤の状態を確認する。

年盤上の状態は、その病気・怪我の「原因」を表している。2019年盤では北東は「二黒土星」が廻座していて、そこに暗剣殺がかかっている。暗剣殺は「他動的な難、予想外の難」であるから、このギックリ腰は予想外の出来事だったと推測できる。

例えば、道を歩いていて誰かにぶつかられて、踏みとどまろうとしたときに痛めたとか、スポーツ中にとっさの出来事を回避しようとして起こったとか。とにかく本人が気づかないところからやってきた原因であると推測できる。本人の自覚したタイミングは別として、原因はそこにあると考えていい。

スポーツをした翌日、朝起きたら痛かったとしても、その奥に原因が眠っているから見逃さないようにしてほしい。また年盤上の鑑定で、この例のように殺方位にあったとしたら症状はかなり重い。だから、このギックリ腰はかなり重度で痛いということが推察される。逆説的に言えば、これ以上状態が悪化することは少ないとも言える。逆に年盤上で最大吉方が乗るようであれば、症状はかなり軽い。ただし、それは逆に言えば、対処を間違えばさらに悪化するということを示唆している。

最大吉方というのは、その人がもっている「強み」と言っても差し支えない。その強みによって、病気という凶の出現を抑え込んでいるのだから、早めに対処することがポイントになる。

八　後天定位と月盤を重ねて未来を類推する

最後に症状の九星の本座である北東の位置の月盤の状態を確認する。

月盤上の状態は、その病気・怪我の「今後・未来」を表している。２０１９年４月盤では北東は「三碧木星」が廻座していて、それは僕にとって月命的殺の方位であることがわかる。的殺方位だから、回復は思ったように進まない。「整形外科に2、3回、1週間も通えばずいぶんと良くなるだろう」などとタカをくっていたら、診断は全治1ヶ月だったりする。医療者・施術者の方からしても、軽度と思っていてもなかなか改善しないことが多いから、気をつけて治療を進める必要があると言える。

月盤上に殺方位が乗ると、回復は容易に進まない。一方で、最大吉方が乗るとかなりスムーズに進むことになる。だから最大吉方なら良くて、凶方なら悪いと判断するのではなく、どのような心構えで治療に向き合うか？　が大切となる。

ほとんどの病気は現代医学で治療が可能なのだ。この鑑定は「どうなる？」ではなく、「どうする？」を知るために活用するようにしてもらいたい。

2019年の月盤表（2019年2月から2020年1月まで）

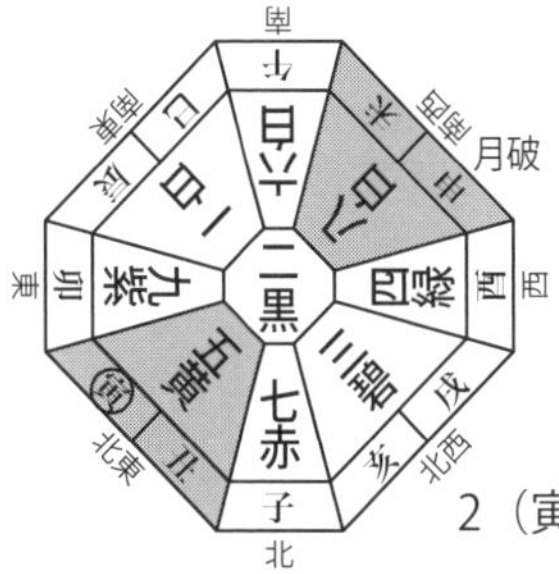

2（寅）月

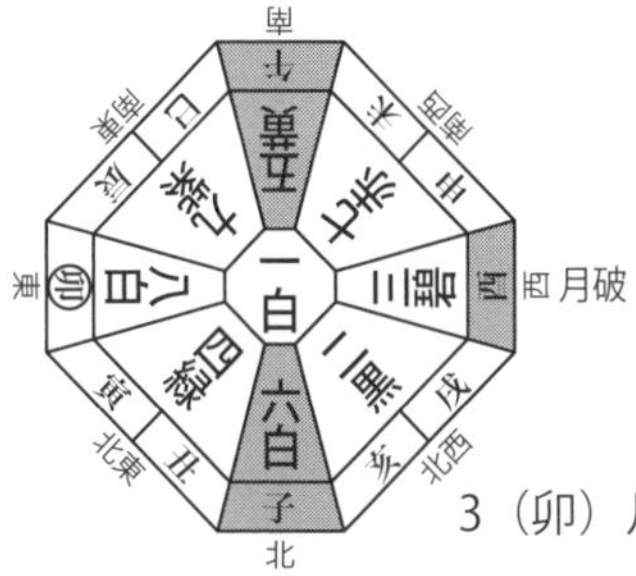

3（卯）月

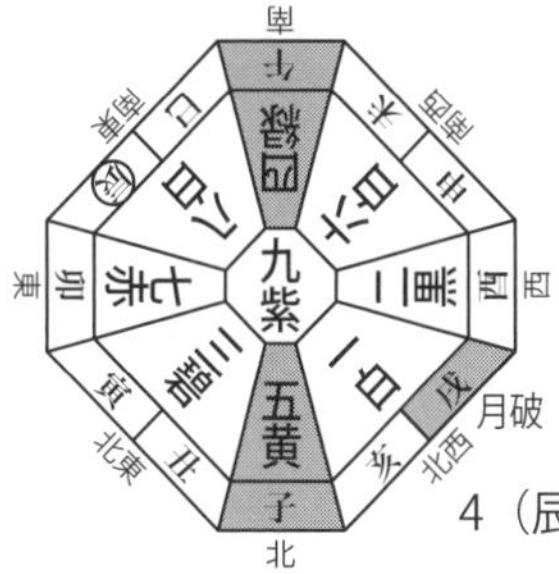

4（辰）月

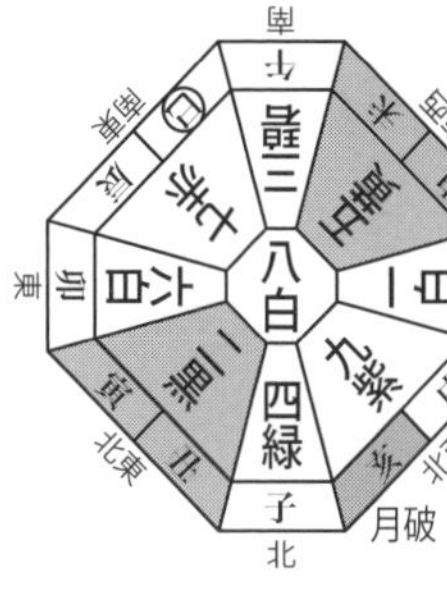

5（巳）月

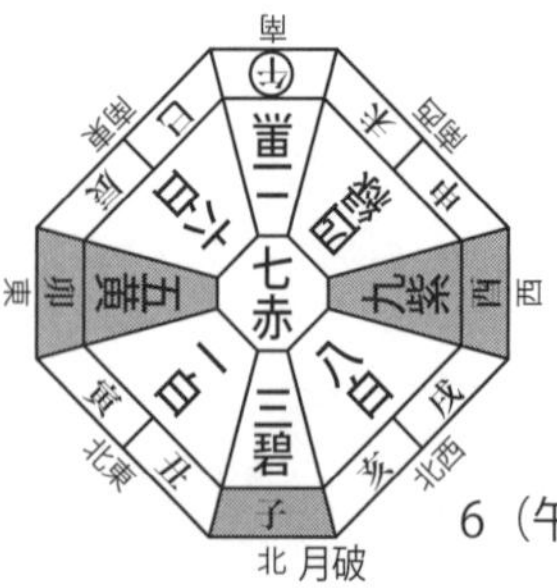

6（午）月

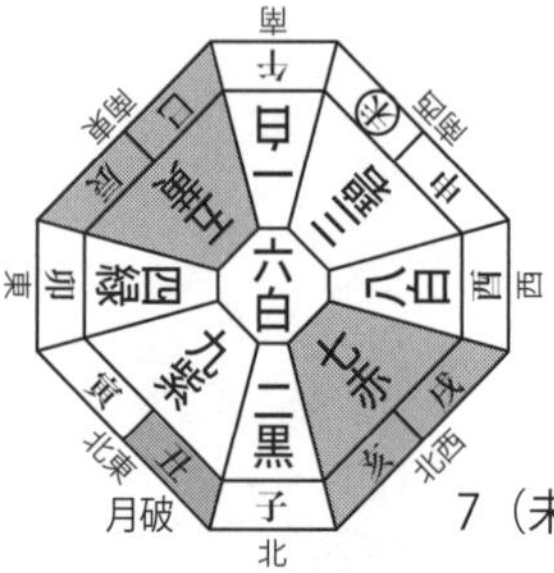

7（未）月

8（申）月

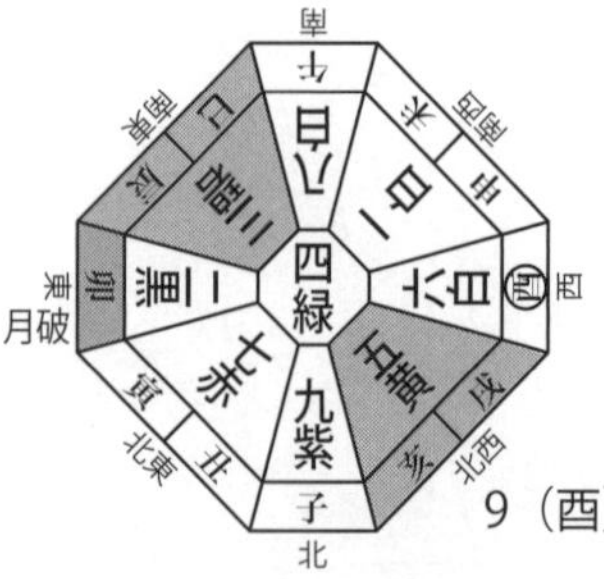

9（酉）月

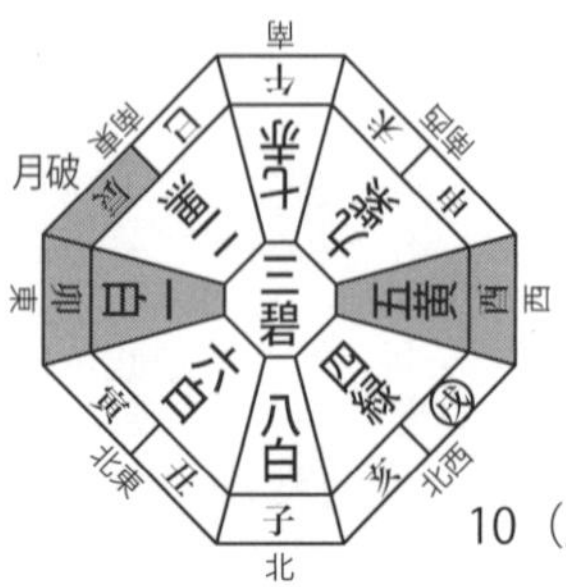

10（戌）月

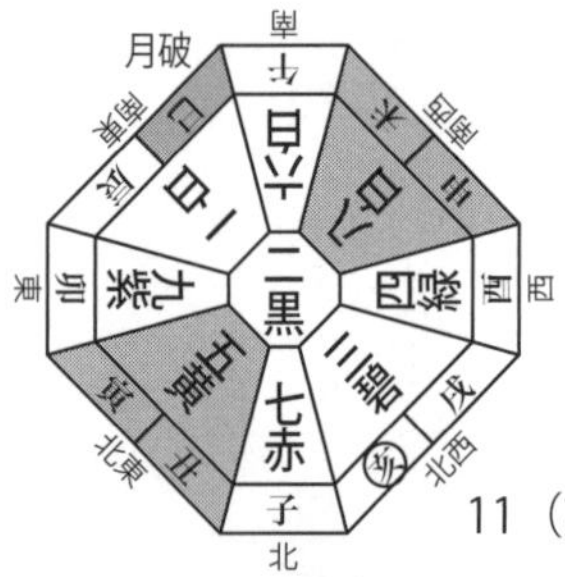

11（亥）月

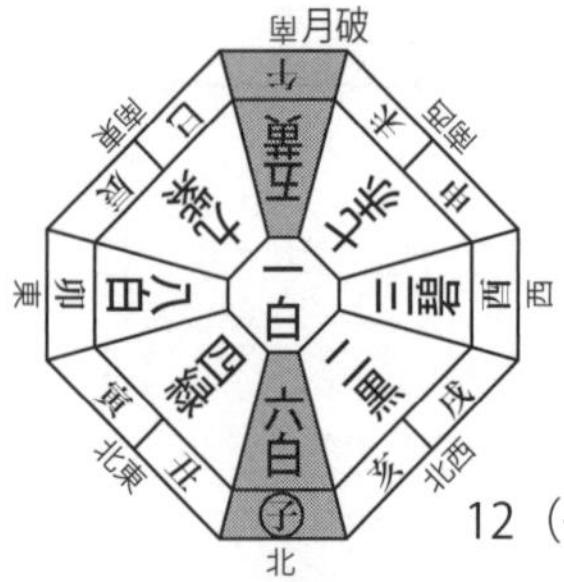

12（子）月

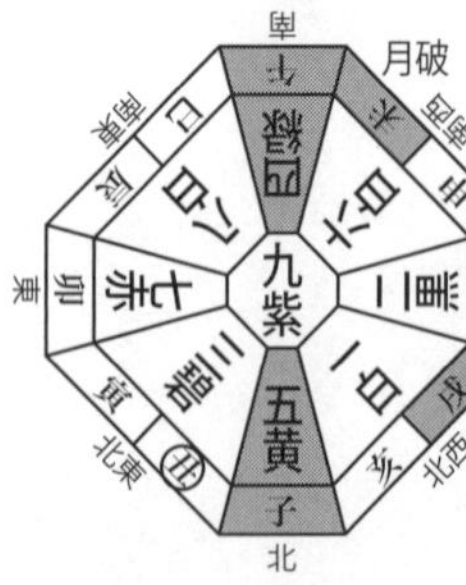

1（丑）月
（2020年）

第3章

名前から観る
あなたのココロとカラダ

◎姓名鑑定の注意点

「姓名鑑定」は、姓名判断だとか、いろいろな名前がついている鑑定術だ。

この鑑定術は実はまだまだ歴史は浅い。「九星気学」をベースにして、昭和に入ってから日本で確立されたものだから、まだ100年も経っていない。それゆえに、現代でも研究が盛んに行われているのだが、その過程でさまざまな流派に分派してしまっている。

僕の学んだ姓名鑑定のみが唯一正当だなんて声高に言うつもりはないけれども、やはり姓名判断という呼び方には違和感を感じざるを得ない。

「九星気学」は、天文学・物理学・宇宙科学に近く、天気予報のようなもので、基本的に外れはない。もちろん雨雲を見ても降水確率が気象予報士によって変わるように、解釈で幅は出てしまうけれど、雨雲を晴れと予測する人はいない。それが気学というものだ。

一方で「姓名鑑定」は、占いの要素が多少なりとも入っている。同じ名前の人は世の中にたくさんいるけれど、運勢はずいぶんと違っているはずだ。人間形成においては、家庭環境による部分も大きいから、姓名だけで判断をするのは危険だと思う。そういう意味で、僕はあくまで鑑定（＝appraise）であって判断（＝judgment）ではないと思うのだ。

姓名が持つ〝気〟というものをあくまでも客観的に見つめることに主眼を置かなければならない。そこに吉とか凶を超えた、善悪という概念を持ち込むことのないようにしてほしい。その点を、姓名鑑定を用いた「体質鑑定」の技術をお伝えする前に、念押しさせていただきたい。

また、前章でもお伝えしたように、本書で紹介する姓名鑑定の技術で運勢の良し悪しを鑑定することはできない。姓名鑑定上で最も重要な「読み下し」を本書では説明しないからだ。こればかりは書面での説明が難解なため、割愛させていただく。しかし、体質を鑑定する分には十分な内容だ。繰り返しになるが、本書だけの内容で、他人の名前を鑑定して運勢を観たり、名付けや改名をするのは、やめたほうがいい。

同様の理由で、画数だけで名前をつけることもオススメしない。本書で紹介する五大真理（読み下し・五行・陰陽・天地の配合・画数）以外にも、三大原則（字音・字形・字義）という漢字の持つ要素を学ばなければ、本当に良い姓名（正名《しょうみょう》）は作ることができないからである。

読者の方の周りにも、画数は素晴らしいのにろくでもない人というのはいるはずだ。画数という数字の力だけに頼ると、そのようなことがどうしても起こってしまう。その辺りは専門家である我々に任せるのが良いと思っている。

また、音だけで名前をつけるのもやめた方が良い。漢字の持つ成り立ちや意味を無視した、いわゆるキラキラネームが昨今世の中に溢れているが、これは親の知性のなさを社会に公言しているようなものだ。あえて具体的な名前を挙げることは避けるが、これから親になる人はもっと漢字を学び、意味を噛み締めた上でお子さんに名前を付けてもらいたい。もちろん、それらが正名になることはほとんどないだろうけれど、音だけで付けた意味のない名前よりも、きちんと願いがこもっている名前の方が、はるかにその子のためになると知っておくべきだろう。

◎タテの鍵というもの

姓名鑑定を用いて体質を鑑定するときには「タテの鍵」と呼ばれるものを用いる。これは名前をタテにおいて鑑定をしていくことから、そのような名前で呼ばれている（97頁参照）。これによって、天格、人格、地格、総格というものが生じることになる。それらが鍵のように連なっているから、「タテの鍵」なのだ。「ヨコの鍵」はあるのか？　と問われると、あるのだけど、ここでは述べないこととする。少し専門性が高くなりすぎてしまう。

いわゆる画数計算サイトなどを閲覧すると、天格のことを天画と書かれていて驚くが、天格部分の画数のみを天画と呼ぶのが正確だ。天格には画数以外にも読み下しや陰陽と五行、天地の配合もあるから、それらを総称して「天格」と呼んでいる。他の人格、地格も同様の意味合いがあるのだ。だから、姓名鑑定というのは非常に難しい鑑定術なのだ。

「天格」というのは、いわゆる苗字で背負った家柄を見るときに使う。そのため、体質鑑定ではほとんど用いることはない。ただし、まったく使わないというわけではない。その辺りはセミナーなどでお伝えしているから受講いただければと思う。

「人格」というのは、いわゆる人間関係の縁の成り立ちを見るのに使う。苗字の一番下の一文字と名前の一番上の一文字から構成される部分で、姓名鑑定上、最も重要な部分になる。また、体質鑑定でも重要な意味を持つから、しっかりと鑑定しなければならない。「あの人は人格者だ」などというけれど、この人格というのは社会的な運勢を観るときに大切になる。また、中年期の運勢を表していることも特徴的だ。

次に「地格」は、いわゆる名前の部分のことを指している。ここは個人の内面的な性質を担当するから、やはり姓名鑑定でも体質鑑定でも重要な意味を持っている。特に体質というのは、内面的に持っているものが大きいので気をつけて観る必要がある。幼少期の運勢を表しているため、生まれながらの体質はこの部分に大きな影響を受けているといえる。

そして、これら天格、人格、地格を総合的に観るのが「総格」だ。一般的には画数のみの総画を指しているけれど、本来は読み下しなどを含めた五大真理の総体を総格と呼ぶのが正確だ。ただし、本書ではほとんど触れることはない。晩年期の運勢を表していることのみは知っておこう。

このようにタテに名前を観ていくのが基本だということをひとまず覚えておこう。名前をタテに観て、それらの「読み下し」「五行」「陰陽」「天地の配合」「画数」と呼ばれる五つの要素を観ていくのが五大真理の鑑定の仕方となる。それでは、読み下しを除く四つの要素の鑑定法をそれぞれ紹介していくこととしよう。

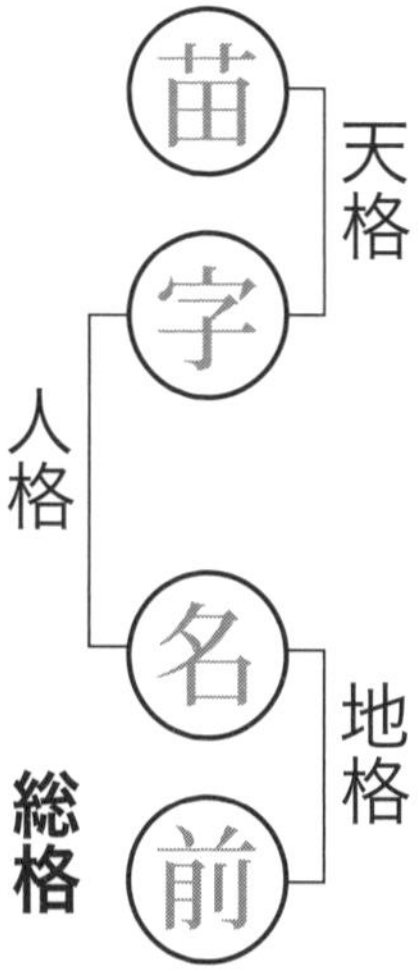

◎姓名の陰陽

では、最初に陰陽の鑑定をみていこう。姓名鑑定上は、次に説明する五行の方を優先するが、体質鑑定を考えるときは、先に陰陽を鑑定するほうが理解が進みやすいので、あえて陰陽から説明していこうと思う。

「陰陽」というのは、前章で紹介したように、バランスが大切と考える。天格で、人格で、地格で、それぞれ陰陽がどのように配置されているかがポイントだ。

「陰陽」は漢字の画数によって決まる。それぞれの字の持つ画数が奇数の場合は「陽」、偶数の場合は「陰」となる。これは「陰陽論」で規定されていることだから、そういうものだと思ってほしい。

数理について詳しく知りたい場合は、『易経』などの古典を読むとよい。また、画数については、よく使うものを一覧にして本書巻末に記載した。ほとんどの名前が、この一覧でカバーできると思うから活用してほしい。見当たらない場合は、新旧漢字表を活用していただきたい。漢字は文化によって変わってくるから、我々の所属する社会運勢学会でも日々検討をしているのだけど、例えば「実」という字は、旧字の「實」という字で鑑定したほうが的確であることが多い。

さて、左に掲載したのは僕の名前である。これを見て考えてみよう。

石川　享佑は、石が5画で奇数だから陽、川は3画でこちらも奇数だから陽、享は8画で偶数だから陰、佑は7画で奇数だから、やはり陽となる。

体質鑑定上で重要なのは、人格と地格の陰陽だ。ここが整っていることが最優先となる。天格は観る必要はない。姓名鑑定上は天格の鑑定は重要だけど、体質鑑定では用いない。

石	5	奇数	陽
川	3	奇数	陽
享	8	偶数	陰
佑	7	奇数	陽

陰陽が整うというのは、このように、人格が「陰—陽」または「陽—陰」となっていて、地格も同様に「陰—陽」または「陽—陰」となっていることを指している。これが姓名の陰陽のとても重要なところになる。陰陽が整うということは、姓名鑑定でも「正名」の重要な要素になる。

では次に、もう一例を観てみよう。

「九州太郎」は九が2画で陰、州は6画で陰、太も4画で陰、郎も10画で陰となる。

このお名前だとすると、姓名を構成する陰陽の要素が陰に偏っていることになる。この陰陽の配置を「片寄り」と呼ぶのだが、大切なのは「人格と地格の陰陽が、それぞれ陰と陽がともにあること」であるということをまず覚えておいてほしい。

九	2	偶数
州	6	偶数
太	4	偶数
郎	10	偶数

1 正しい陰陽の配置

いわゆる正名というのは、二文字名（一文字、三文字の場合は後述）の場合は、以下の4パターンしか存在しない。ここからは便宜上、陽を○、陰を●で表すこととする。

	(姓)	(名)
①	○○	●○
②	●●	○●
③	○●	○●
④	●○	●○

右2つ（①②）の天格の陰陽が整っていないものを「半陰陽」、左2つ（③④）の天格も整っているものを「完全陰陽」と呼んだりするが、体質鑑定ではあまり大きな影響はない。もちろん、姓名鑑定でもこれによってどちらが良いとか悪いとかはない。天格というのは、そもそも背負った家柄を表すものだから、生まれた家によって人生が決められるなんてことはない。

ただ、脈々と続く家の持つ雰囲気、家風と呼ばれるものは確かにある。もっと勉強したいという人は、当社の姓名鑑定のセミナーを受講していただきたい。とにかく、この4パターンをしっかりと頭に入れると同時に、基本である「人格が陰陽で整うこと、地格が陰陽で整うということ」ということをしっかりと覚えておいてほしい。

原則を覚えてしまえば、応用はどれだけでも効くことになる。

正名の人の特徴は、カラダのバランス感覚が非常に良いことだ。どこかに無理をかけずに、バランスよく陰陽を持っているから、カラダの歪みは少ない。もちろん、前後左右完全に均等に整っている人は少ないけれど、僕の整体サロンにみえる方も、かなり体幹のバランスが良い人だから施術がしやすい。

また、多少の歪みも整いやすいから、愁訴《しゅうそ》は施術後にはほとんど改善されることが多い。本命星や月命星に「四緑木星」を持っていれば、余計にその傾向は強い。

さらに思考のバランス感覚も素晴らしいから、こちらのアドバイスを上手に自分のものにしていく。すべて鵜呑みにするでもなく、聞く耳を持たないこともなく、要点を的確にものにしてくれる。だから、相談者で正名の人がいたら、きちんと施術の方針を正確に伝え、相手のレスポンスを受け入れながら進めれば、ほとんどの場合、症状が改善できるのだ。

2　片寄り

先ほどの「九州太郎」の例で指摘したように、姓名の陰陽が、陰か陽のどちらかのみで形成されている陰陽の配置を「片寄り」と呼ぶ。配置を図に表すと、

	(姓)	(名)
①	○○	○○
②	●●	●●

となる。このいずれかに該当すると、カラダのバランスは陰陽のいずれかに偏ることになる。それぞれを解説しよう。

①陽の片寄り

(姓)	(名)
○○	○○

すべて陽のパターンを観ていくと、このお名前は陽しか陰陽の要素がない。陽というのは勢いの良さや明るさを表すから、非常にパワーのある名前で、こういったお名前の人はサッパリとしていて気持ちよく話せる人が多い。反面、落ち込み方は大きいから、ある程度まで頑張れても最後の最後で折れてしまったりする傾向がある。だから、体質的にも、良いときはいいけれど、悪くなると急激に悪化するタイプが多くなると鑑定ができるわけだ。普段は「無病息災」が人の顔をして歩いているような人なのに、急に倒れてしまったりすることが多い。

さらに、九星の本命星が「三碧木星」「六白金星」「九紫火星」のような明るい星なら、元々明るいから、不調の傾向が周りにもよくわからないといった具合に、九星の本命星も加味しながら姓名鑑定を行っていくと精度が上がり、鑑定に深みが出てくるから、たくさんの人を鑑定する中で習得してもらいたい。

②陰の片寄り

（姓）●●　（名）●●

このパターンは先ほどとは逆で陰でしか構成されていない。となると、陰気の塊ということになる。陽気がないわけだから、陽の片寄りと同様に、カラダのバランスを損なった場合に調整が効かずに一気に体調が崩れるタイプだ。

また、悪さが後を引きやすいというところもあり、例えば、虫刺されの跡が何ヶ月も残ったりしてしまうことがある。だから、片寄りの人が施術に来院したら、最初から「長引きそうですから、根気よく整えていきましょう」などと伝えるようにしている。特に陽の片寄りの人の場合、ペラペラとあることないこと喋るから、変な評判が広がらないように気をつけないといけない。

そして、大切なときに限って体調を崩すというのも片寄りの特徴だ。スポーツの大会で活躍が期待されながら、直前で大怪我をしてしまったりする。またピアノの発表会で出番が来るとお腹が痛くなるとか、受験の当日に風邪をひくとか、とにかく、俗に「本番に弱い」と言われる人たちには片寄りの名前を持つ人が多いことは知っておいてもらいたい。ご自身が片寄りの名前であれば、そういった場面での準備を怠らず、最後の最後まで気を抜かないことが大切になる。

陰の片寄りと陽の片寄りとの違いは、その人の性格的な部分が如実に現れる。陰の片寄りは陽の片寄りのようなサッパリとしたところがなく、どちらかと言えばウジウジしている人が多い。本命星が「二黒土星」「五黄土星」の場合は、元々がそういうところがあるから、余計にそういった傾向が強くなる。反面、粘り強く、根気強いところもあるから、一概に性格が悪いなどと決めつけないようにしたい。僕らができるのは、「どんな性質があるか？」を客観的に鑑定するだけだということを忘れないように。

そして、左図を見ていただければわかるように、この姓名というのは、そのまま人間が立っている姿に重ね合わせることができる。姓は上半身、名は下半身を表している。そして片寄りの場合は、名の一文字目の陰陽が反転すれば半陰陽、すなわち陰陽のバランスが取れるということがわかるだろうか。

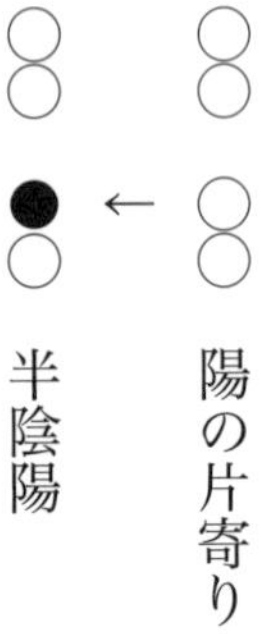

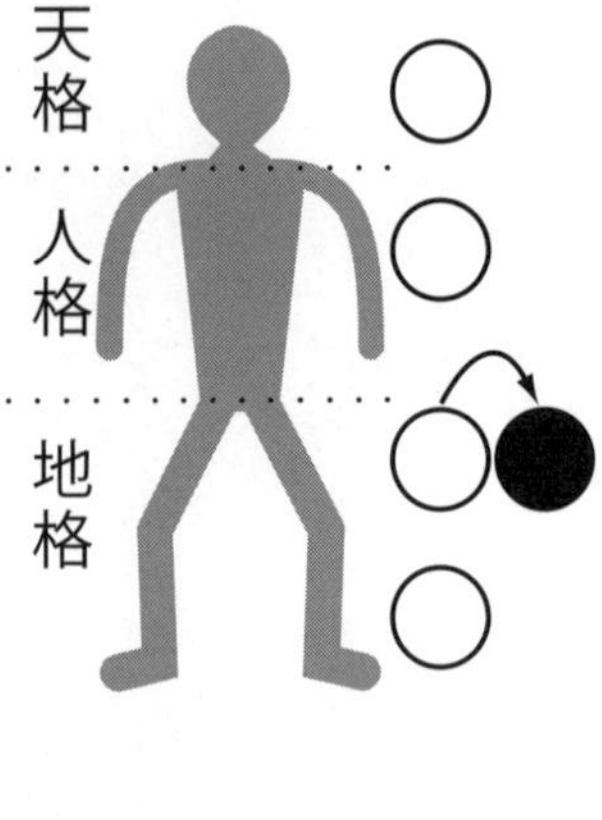

片寄りは、名前の一文字目に陰、もしくは陽が不足していると観ることができる。つまり陰の片寄りの人は、生命に陽の気が不足しているのだ。この名前の一文字目がこの人の姓名＝生命にとって問題を引き起こすきっかけとなっていることに着目したい。

この人は腰の下、股関節に問題が出やすいタイプだと言えるし、陽の片寄りであれば、陰が不足しているのだから、特に右側（陰は右）に問題が出ると予想される。月命星に「八白土星」を持っていれば、元々関節に弱点があるのだから、余計にそういった傾向は強いと鑑定ができる。また、「四緑木星」は股関節を担当しているから、やはり痛める傾向は強くなる。

このように、カラダの部位のどの高さに、陰陽のどちらが足りないのかを見定めることが、体質鑑定を進める上で重要なポイントになるから、しっかりと押さえておいてほしい。

3 蒔《ま》き直し

次に観ていく陰陽の配置は「蒔き直し」と呼ばれるものだ。これはいくつかパターンがあるから、まずは一覧にしてみよう。

	①	②	③	④
（姓）	●○	○●	○○	●●
（名）	○○	●●	○●	●○

この４つのパターンが「蒔き直し」と呼ばれている。

右の２つ（①②）は「上蒔き直し」と呼ばれ、左の２つ（③④）は「下蒔き直し」と呼ばれる。どちらも人格が整っていないのが特徴の陰陽の配置となる。蒔き直しの特徴は、「稲を実らせても、トラブルで収穫できず、また種を蒔き直す」ということ。つまり何度も何度も人生に種を蒔き直すということになる。

例を挙げると、体質的に言えば、「昔アトピーを治療して治ったかと思ったら、また出てきた」とか、「こないだギックリ腰やって治療してもらったけど、またやっちゃった」とか、そういう人が多い。右足を捻挫して、治って３日後に左足を捻挫するとか、とにかく同じようなことを何回も繰り返すことになる。

上蒔き直しと下蒔き直しを見比べると、下蒔き直しの方が人間的にはかなり良い人が多い。なぜかと言えば、上蒔き直しは天格の陰陽が整っていて、下蒔き直しは地格の陰陽が整っているのが特徴だ。どちらも人格は整わないのだけど、天格は家柄であり、地格はその人の個性を表しているから、人間的には地格の陰陽が整っている人の方が性格的にバランスが取れている。

そういった運勢上のことは別にして、上蒔き直しと下蒔き直しは、陰陽が不足している部分が異なることに注意したい。上蒔き直しの場合は名前の一文字目の陰陽が反転すれば完全陰陽となる。下蒔き直しは苗字の下の部分の陰陽が反転すれば完全陰陽となり、陰陽が整うことになる。つまり上蒔き直しの場合は股関節、下蒔き直しの場合は腰部にトラブルが出やすいと言えるのだ。その上で、陰陽のどちらが不足しているのか、なども加味して鑑定を進めていくことが重要だと言えるだろう。

面白いのが、この蒔き直しの人は本当に多くの経験をしているから、大抵のことには驚かない。僕自身、アジャストをする矯正術を用いるため、驚かれることも多いから、施術をするまえに「骨格矯正やったことありますか？」と聞くようにしている。

ある程度年齢がいった蒔き直しの人は、ほぼ例外なく「やったことある」と答えるから、スムーズに施術に入ることができる。さまざまな失敗と経験を繰り返し、僕と出会ってくれたのだから、名前が良いとか悪いとかそんなこと以前に、まずは感謝で向き合いたいと思うのだ。

4 縛り

ここまで紹介した片寄りと蒔き直しは割と凶は軽い。ここから紹介する陰陽の配置は凶がグッと強くなってくる。凶が強くなるというのは、悪い名前というわけではなく、体質を鑑定する上で、カラダに対する影響が大きく出てくるということだ。繰り返しになるが、相談者の名前によって、むやみに相手を判断したり、差別したりしてはいけない。

さて、では次の「縛り」について説明していこう。縛りという陰陽の配置は次のようなものを指している。

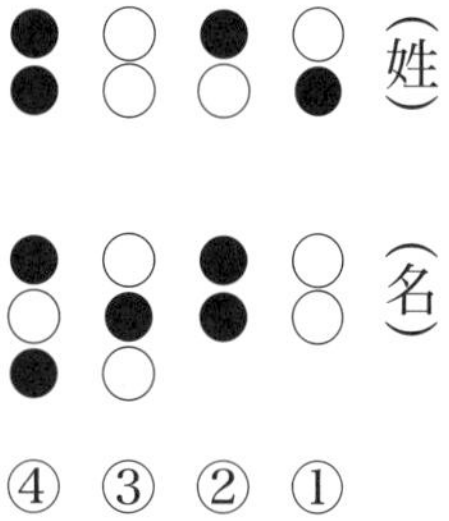

一般的な縛りの形は、右の2つ（①②）が多いだろう。

天格、人格は整うものの、地格が整わない形となっている。苗字の下の一文字の陰陽が他の陰陽に縛られているようにみえることから「縛り」と呼ばれる。上（＝苗字）に縛られる陰陽が入っているから、特に「上縛り」と呼ばれている。

一方、左の2つ（③④）は名前の方で陰陽が縛られている。

下（＝名前）に縛られる陰陽が入っているから、「下縛り」と呼ばれている。こちらは地格のみが整い、天格、人格が整っていないという特徴を持っている。

人格が整う上縛りは、人当たりの良い人が多い。反面、自己の内面を表す地格が整わないから、内面的に問題を抱えていることがしばしばである。つまり、体質を観る上でも、本人の言葉を真に受けると大切なポイントを見逃しかねないから注意が必要だ。

本当は痛いのに、「大丈夫ですよ」などと言ったりする。だからこそ、体質鑑定によってさまざまな問題を起こすリスクをあぶり出しておくことを施術の上で重要視している。本命星に元々人当たりの良い「四緑木星」などを持っていれば、余計にその傾向が強くなるから、より慎重に鑑定を進めるようにしよう。

地格が整う下縛りは人間的に素晴らしい。にも関わらず、人格が整わないから人間関係などで上手く行かないことが多い。つまり誤解されやすいタイプと言えるのだ。

特に本命星に「五黄土星」や「八白土星」「九紫火星」を持っていれば、その傾向はさらに強くなると言える。これらの星は自分を周囲に理解してもらうのが苦手な人が多い。

人格が整わないということは、言い換えれば自己表現がうまくないということ。だから、愁訴を正確にこちらに伝えるのが苦手である。

なかでも人格が「陰―陰」となる④のパターンの人は、本当に口数が少ないから、こちらがどれだけ慮《おもんぱか》るかが大切となる。「陽―陽」となる③のパターンの人は、口数が多いゆえに本当に大切なことが伝わらない。聞き下手という意味で自己表現が上手く進まない。

だから、根気よく話を聞くことが大切になる。

縛りの方すべてに共通するのは、不安によりココロが縛られてしまうこと。友人と食事に出かけるときなども、ウキウキして家を出たはずなのに、数分経つと「何時に帰らなきゃいけないいな」なんて心配が湧いてくる。

例えば、当院にご来院いただいて足ツボを選ばれたとしても「やっぱり足ツボよりも整体にすればよかったかも」なんて思ったりする。誰かに何かを言われたわけでもないのに、自分のココロの奥から声が聞こえてくるような気がして不安が広がってしまう。

また、人の目を異常に気にして自由が失われてしまう傾向がある。だから、施術者が何の気なしに「こんな新しい施術法がありますよ」などと言えば、「それにします」と自分で考えることなく従いがちだ。だからこそ、施術者の方が真摯に相談者の体質に向き合い、本当に最適な施術を進める必要がある。

このようなことから僕たち施術者は、施術に入る前にどれだけ相手の不安を取り除くことができるか、が施術の成否を分ける重要なポイントとなるのだ。

「医は仁（＝愛）術なり」という言葉がある通り、施術者がどのくらい相手のことを思い対応していくかが大切になる。施術に入る前に、施術の良否などほとんど決まってしまっているのだ。

さて、縛りの体質的な特徴は、カラダが硬いということ。場合によっては半身不随になりやすいことだ。つまり、「縛り」というのは身動きが取れなくなるという意味だから、そういった身動きが取れなくなる状況がカラダにも生じやすい。

後述するが、名前を構成する五行に金性が多く入るとその傾向はさらに強い。また、九星で本命星や月命星に「六白金星」を持っていれば、その傾向は倍加することになる。「六白金星」は白金で、硬い金を表しているのだから当然と言えるだろう。

「上縛り」は、地格が整わない。名前の一番下の陰陽が反転すれば正名となるから、膝から下の部分に問題が出やすい。①であれば陰が不足するから右足首や右膝を怪我をする人が多い。②であれば、陽が不足するから左側に問題が出やすい。

「下縛り」は、人格が整わない。苗字の一番下の陰陽が反転すれば正名となるから、腰部に問題が出やすい。ここも当然、陰陽のどちらが不足しているかで症状の出る左右も鑑定できることになる。

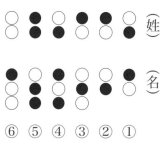

5　大挟《おおばさ》み

次が最も凶作用が強い陰陽の配置「大挟み」となる。この大挟みの陰陽の配置のパターンは次のようになる。

	(姓)	(名)
①	○●	●○
②	●○	○●
③	●○	○●○
④	○●	●○●
⑤	●●	○●●
⑥	○○	●○○

この大挟みは、以上の6パターンがある。

基本となるのが①②で、③④は変形挟みとも呼ばれる。大挟みと意味合いは同じだが、三文字名の場合、見落としがちなので注意が必要だ。⑤⑥は「二重挟み」と呼ばれる。

大挟みは凶がかなり強いけれど、二重挟みはその大挟みの辛さを2乗したくらいに辛さが大きい。この二重挟みに似ているのが、次の配置だ。


（姓）　（名）
●●○　●●
○○●　○○

これは「縛り」になる。三文字苗字の場合は間違えないように注意してほしい。詳しい鑑定の仕方を書く余裕がないので、「名前の陰陽一覧表」（160頁）を参照にされたい。

それでは「大挟み」の鑑定を進めていこう。

大挟みの特徴は、中央の陰陽が上下に挟まれているところにある。上下関係に挟みこまれて、非常に辛い。ということは、カラダで言えば、我慢に我慢を重ねるタイプだと言える。だから、症状がかなり進んでから病院に行ったりする。気づいたら、もう手遅れだったなんてことも多いから注意が必要。

整体などでも、症状が施術者が思うよりも深刻な場合が多いから、僕自身、慎重に施術を進めるように心がけている。さらに、月命星に「五黄土星」や「六白金星」を持っている人、本命星と月命星が同じ星の人はこの傾向がさらに強くなるから注意しなければならない。

また、本命星に「二黒土星」「三碧木星」「五黄土星」を持っている人も気をつけておきたい。この3つの星は元来、かなり鈍感な星だから、症状が進行していることにさえ気づいていないことも多いからだ。

さて、女性の方が結婚して苗字が変わり、大挟みになった人は、自身の体質の変化に気づき注意するのだが、生まれながらに大挟みの人は、自分が我慢していることにさえ気づいていないことが多いものである。さらに不思議なことに、大挟みの人は何か「死」のイメージが幼少期からいつもつきまとっていることも特徴だ。自殺しようとした経験がある人もいるし、そうでなくても何となく「自分はいつか死ぬんだ」というような考え方が頭の片隅にいつもあり、何となく孤独感が強くなる。

また、二重挟みは非常に数奇な人生となることが多いのも特徴だ。驚くほどの経験をしていることが多く、その中で絶望感のようなものがココロに蓄積されていることが多い。話を聴いているだけで、こちらの方が涙が出るような気持ちになることさえある。

だからまず、相手に寄り添う姿勢がこちらに求められることを考えなければならない。

「死は支なり。死は師なり。」などと言ったりするけれど、人は支えられる人に出会うことと、尊敬する人に出会うことで死を超えて行くことができる。

僕に何ができるわけではないけれど、「あなたは一人ではない」ということを伝えてあげることはできる。施術に入る前に、そういったことを念頭に対応する努力は必要だろう。

そして、大挟みの人は地格が整っていることにも注目したい。人間的には極めて良い人が多いにもかかわらず、挟みこまれて自由を奪われている。大挟みの人は、腹の底から笑うということがほとんどない。どこかで「死」の暗いイメージがココロの明るさを覆うから、楽しいときも心底楽しむことができないのだろう。だからこそ、施術者がどのように立ち振舞、どのように触れ合うか、が大切になると思う。相手が暗く沈んでいるからと、こちらも暗くなってしまっては、相手の生命を輝かせることなど不可能である。

僕は大挟みの人が施術に来たとき、帰り際に笑顔を見せてくれれば、それだけで施術は成功だとさえ思っている。

施術の肝《きも》は、カラダに対するアプローチやテクニックだけでは不十分である。相手のココロにどのくらい寄り添うことができるかが施術の要《かなめ》と言える。僕自身もまだまだ浅学《せんがく》で試行錯誤の毎日だけど、読者のなかで施術者・治療者の方がいらっしゃるなら、本書を参考にしていただきながら、一緒に考え試行錯誤を重ねてもらいたい。

さて、「大挟み」は、基本的に苗字の一番下の陰陽が反転すれば正名となる。だから、腰部に問題が出ることも多い。また、「二重挟み」の場合は、名前の一番下の陰陽が反転すれば正名になるから、膝下に問題が出ていることが多い。

その点を加味しながら施術を進めるのがポイントだ。施術者でなくても、自分自身で足の裏を揉んだり、ふくらはぎをマッサージするなどしておくと健康は維持しやすい。

6 中断

最後に登場する陰陽の配置のパターンが「中断」と呼ばれるものになる。陰陽の配置は次のようになる。

（姓）	（名）
○○	●●
●●	○○

陰陽が姓と名でばっさりと切られるような配置だから中断と呼ばれる。この中断の特徴は見た目が非常に良いこと。人格の陰陽が整うから、人当たりが良く、好青年のような輝きが強い。男性であればガッツがあるし、女性もパワフルでハキハキしている人が多い。

ところが、姓名、すなわち生命が真ん中でばっさりと分断されている形が表している通り、中年期に人生が急落する可能性を持つ。つまり、40歳くらいまですこぶる元気で、病院に行ったことのないような人でも、急に体力が落ちてしまうことがあるのだ。

また、この名前は不思議なことに周囲にも強く影響を与える。だから、中断の人が来店されたら、「ご家族の方もよければお越しください」と、家族ぐるみで体調を見るようにするととても喜ばれる。姓名鑑定では「大騒ぎの中断」などと称されたりするのだが、周りを巻き込む力が強いということを押さえておこう。

そして、体調が急激に低下する可能性が高いということは、不慮の事故に遭いやすいことも示唆している。だから、車の運転などには十分に注意する必要がある。

中断のお名前を持った人が家族にいるなら、睡眠不足などでハンドルを握らせてはいけない。また、健康診断は必ず受けるようにしたい。不思議と経営者や個人事業主に多いお名前なのだが、ガッツがあるから自分のカラダは後回しにしてしまうことが少なくない。

中断の作用が強く効くのが本命星に「一白水星」か「九紫火星」を持つ人だ。もともと一白水星は易で「坎《かん》」と呼ばれ、その象（＝形）は、「☵」と描かれる。「九紫火星」は「離《り》」と呼ばれ、その象（＝形）は「☲」と描かれる。どちらも真ん中で陰陽が分断されている形の生命なのだ。だから、この2つの本命星を持ちながら中断のお名前を持っていたとしたら、中年期以降の体調がかなり心配になる。

また、姓名鑑定の俗説で「左右対称名はいけない」などと都市伝説的に語られているが、これはほとんど影響がない。「ほとんど」と書いたのは、陰陽が中断のお名前の場合のみ、その作用を強くするからだ。それ以外の場合は心配する必要はないが、中断のときだけは気をつけるように。

例えば、「本田　太吉」さんというお名前だとすると、陰陽は上から5画、5画、4画、6画で「○○　●●」という中断の陰陽の配置となる。

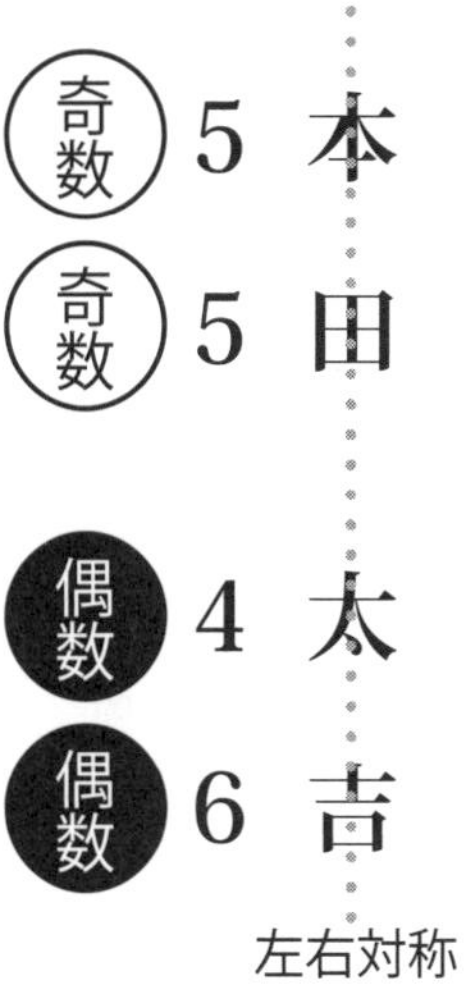

そして、本も田も太も吉も、すべて左右対称の字だから、これは中断の左右対称名と鑑定される。この場合は中断の作用がかなり強いから、良いときと悪いときの落差が非常に大きい。急に人生が中断させられるから、冬の風呂場などでヒートショックを起こしたりしないように心がけておきたい。

中断はかならず名前の一番下の陰陽を反転させれば正名となる。だから、問題は足元に出やすい。膝下や足首などに怪我をする人が多いのが特徴だ。足の怪我くらい大したことないなどと考えることのないようにしてほしい。

昔から、十分であるということを「足《た》る」と言う。決して「手りる」とは言わない。東洋では足元がしっかりとしていることを健康の基本としている。野球選手などを見ても、肩や肘の怪我よりも足の怪我で引退する人が多いのがわかるだろう。

最近では一文字名の名前も多い。「翔」「蓮」「葵」挙げればキリがないが、どれもオススメできない。理由はいくつかあるのだけど、陰陽の観点から観ると、一文字名は同じ陰陽を1つ加えて鑑定することになる。これは一文字苗字の場合も同様だ。

例えば「翔」というのは12画の漢字だから、「石川　翔」というお名前の場合、陰陽は石が5画で陽、川が3画で陽、翔が12画で「陰—陰」となり、「○○　●●」の中断名となる。

どうしても一文字名だと地格が整わない。これが運勢的にどのような意味を持つかはさておき、地格部分のどちらかの陰陽を反転させなければ正名とならないのだから、腰から下に必ず問題が起こってくることになる。下半身に弱点があるということは「足らない」ということで、年を重ねるほど必ず体力的に不安が出てくることになる。

老人は、手よりも足が動かなくなって老け込むことになる。地格の陰陽が体質鑑定上で重要な意味を持つという理由がわかっていただけるのではないだろうか。

ここまで6パターンの陰陽の配置を述べてきた。すべての姓名の陰陽の配置はこの6パターンのどれかにあてはまる。とはいえ、慣れないうちは間違えることも多いから、注意しながら鑑定を進めていくことだ。

また、いわゆる凶のお名前（姓名鑑定では凶名）だとしても、必要以上に不安になったり落ち込む必要はない。最初に述べたように、姓名鑑定は占いの要素を持っているから、心がけ次第で越えていくこともできないわけではない。また、「姓名は声明なり」と言って、名前を変えるだけで体質は大きく切り替わる。「名前を変えるなんて……」という人も多いけれど、芸能人やスポーツ選手で名乗りを変えて、大きく成長する人がいることは周知の事実だろう。

また、歌舞伎役者などが襲名をするのは、それにより芸風を大きく向上させる儀式だ。「戸籍を変えるのか？」という質問を受けることもあるけれど、戸籍の姓名を変えることを「改名」と呼ぶ。身近な改名が結婚時に姓を変えることだ。

実は意識しないうちに、多くの人が姓名鑑定の影響を受け、運勢が大きく切り替わっている。改名をせずに、名乗りを変えることを「選名《せんめい》」と呼ぶ。

僕自身も「石川享佑」というのは本名ではない、選名だ。選名によって大きく人生が切り替わる経験をしているからこそ、皆様にも「お名前を整えてはいかがですか？」とお伝えしている。この名前を名乗るようになってから、たった八年だけど、その八年で自分の予想を大きく越える人生の拡大を果たすことができた。

8年前、僕は岐阜県の人口10万人程度の都市で、一人で孤独に整体院を経営している一介の整体師でしかなかったのだ。それがこうして東洋思想の鑑定術をお伝えする本を執筆したり、各地で「気学」や「易」「姓名鑑定」「家相」「顔相」などのセミナーを開催するようになっている。こんなことを一体誰が想像しただろうか。

とにかく、お名前を切り替えることはまったく恥ずかしいことでもなければ、親の願いを蹂躙《じゅうりん》するようなものでもない。公的書類が必要な場面以外では、すべて通用するから、僕の本名を知っている人のほうが少ないだろう。

元々日本人は、人生のさまざまな場面で名前をどんどんと切り替えていった。西郷隆盛だって、豊臣秀吉だって、みんなそのときの自分にピッタリの名前を名乗るのが普通だったのだ。それは冒頭に紹介した

「名正しからざれば則ち言順わず、言順わざれば則ち事成らず（略）」

という孔子の言葉を知っていたからだ。だから、「みんな名前を変えましょう」などと言うつもりはまったくない。そうではなく、「名前を整える」ということに、もう少し寛容な世の中になるといいと思っている。そして、もし、あなたがお名前によって体質や人生を改善したいと願うのであれば、遠慮なく僕に相談してもらいたい。料金は確かに安くはないけれど、願ったような人生やカラダが手に入るように、精一杯のお手伝いをさせていただこうと思う。

ただし、姓名鑑定の質問などは避けてほしい。その場合は、セミナーのときなどに質問していただければと思う。

◎姓名の五行

次に姓名鑑定上の五行について観ていこう。前述したように、運勢を鑑定する場合は陰陽よりも先に観るべきなのだが、あえて先に陰陽を説明させていただいた。前の章で、五行とはこの世を構成する5つの要素であると述べた。そして「相生」「相剋」についての説明や、1つの五行は隣り合う五行の要素も3分の1ずつ持っているということも説明している。

「この世を構成する」と言ったが、人間の生命も小宇宙であるのだから、やはり五行のすべての要素を含んでいたい。漢字の一文字一文字に五行が配されているから、巻末の「漢字一覧」にて確認いただきたい。

ところが、五行がすべて含まれた名前というのは、なかなか存在しない。苗字が2文字であれば、名前は3文字以上にしなければならないし、僕の「石川」という苗字だとすれば、石は金性で川も金性だから、名前を四文字以上にしなければならない。

そんなことはほとんど無理になってくる。そこで先ほども述べた「隣り合う五行の要素も3分の1ずつ持っている」ということがポイントになってくるのだ。つまり石川という苗字は本体は金性だけど、3分の1は土性、3分の1は水性を持っていることになる。そうすると、名前に3つの五行を含む漢字を使えば、すべての五行の要素を名前の中に持つことができるというわけだ。どうしても2つしか使えない場合は、相剋の関係であれば良しとする。ただし、後述するが「水―火」の関係は使えない。そのことを念頭に置いて、姓名鑑定における五行の働きを観ていこう。

1　五行の確定

五行は漢字の音から生まれるエネルギーの方向性を指している。そして、読みは漢字の文化が発祥した中国の音読みを基本としている。訓読みでは五行が観れないから注意しなければならない。

木性・・・「カ」行
火性・・・「タ・ナ・ラ」行
土性・・・「ア・ヤ・ワ」行
金性・・・「サ」行
水性・・・「ハ・マ」行

となる。だから、僕の名前「石川享佑」を例に取ると、石は音読みで「セキ」だから金性、川は音読みで「セン」だから金性、享は音読みで「キョウ」だから木性、佑は音読みで「ユウ」で土性となる。「金、金、木、土」と3つの五行が入っているから、とりあえず合格といえる。ただし、3つ入っていれば良いのかといえばそうでもないから、ここからの説明をしっかりと読んでいただきたい。

2　地行というもの

五行を観ていく上で、最も重要なのは名前の一文字目になる。ここの五行のことを「地行」という。

ここはその人の最も根源的な五行になる。ここに水性が入ると、基本的に体質的にも弱くなる。水という通り、カラダが冷えやすくなるし、血の気が少なく肌も白い人が多い。だから、地行に水性が入る人は、十分に注意しながら治療や施術を進めるとよい。特にカラダが冷えていることを最初に対処すると、体調が整いやすいと思う。

また、正経十二経脈の中でも、腎経と膀胱経に問題が出やすい。特に膀胱経に緊張が走れば、腰痛や肩こりの原因となるだけでなく、ストレートネックなどにもなりやすい。首を前屈させづらい人も多いから、そういったことを考えながら施術を進めている。とにかく、まずは地行に水性が入っているかどうかを確認しておこう。

3　天格の五行

この五行の鑑定が対象とするのは、「人格」と「地格」部分になる。繰り返しになるが、生まれながらに背負ったもので人生は決まらないから、天格は対象とはしない。ただし、天格に「火―火」という組み合わせを持っていると、非常に頑張り屋さんが多いのは間違いない。「田中」「中田」「大田」「太田」「田代」「竹中」など、意外と多いのだが、みな一生懸命な人が多いから面白い。

ただし、好調時はいいのだが、いったん崩れると早いから注意しておこう。年末年始などによく風邪を引いたりする。陰陽で中断を持っていれば、その傾向はより強くなる。田中、中田、太田、など左右対称名も作りやすい苗字だから、そういった点にも注意しながら鑑定を進めると、より体質鑑定の精度が上がることになる。

また、「金—金」の苗字を持っていると、カラダが固くなりやすい。もちろん名前で木性などを上手に使えば随分と良くなるけれど、例えば「石井　祥子」さんとしたら、五行がすべて金性になってしまう。これで本命星か月命星が「六白金星」であれば、ものすごくカラダが固くなる。

陰陽を見れば「○●　○○」となっていて、「縛り」だからさらに硬い。カラダの柔軟性が低いだけならよいのだが、半身不随やパーキンソン病などのリスクも高くなりがちだから、注意することが必要だろう。「青山」「村山」「深井」「神村」「松井」「杉村」など馴染みのある苗字が多いだろうから知っておこう。

4　凶作用を引き起こす組み合わせ

五行の鑑定をするときには「相生」「相剋」はあまり観ない。なぜなら「相剋を凶としない」という原則があるからだ。では何を凶とするか。

それは「水―水」「水―火」「火―水」「火―火」の4パターンのみを凶としている。

人格と地格にこの組み合わせが入れば、強い問題を起こすことになる。地格の部分に3文字あったとしたら、上の2つの組み合わせのみを観ることになる。

・「水―水」の組み合わせ

人格、地格に「水―水」の組み合わせがあれば、体質に大きな影響を及ぼす。水は流れるという意味を持つから、すべてを流してしまう。人格は中年期であり、人間関係を表していた。だからそこに「水―水」を持っていたら、中年期に健康を強く害する可能性が高い。それと同時に人間関係が流れるから、友人関係がストックされない。だから、非常なる孤独感を持っている人が多いと知っておくといいと思う。

また、いきつけのお店というのもあまり持てないから、治療院なども点々としていることが少なくない。そういう意味で、長い固定客でこのタイプの人がいれば、相当信頼されている証拠と思っていいだろう。

地格に「水―水」となれば、幼少期に健康を害していることも多い。記憶も流してしまうから、本人は覚えていないことも多いのだけど、親御さんなどに聞くと「本当、昔は病院ばっかり連れて走り回りましたよ」なんて言われることが多いからびっくりする。

また自分に蓄積ができないということは、取り入れたものをストックすることがしづらい。だから、地格に「水―水」の人は、一般的に痩せていることが多い。本命星や月命星に「一白水星」を持っていれば、その傾向はさらに強まる。

また、陰陽が「○○　●●」の中断や、「●○　●●」の縛り、「●●　●●」の片寄りなど、地格部分に陽が不足すれば、水性の陽、すなわち五臓六腑の膀胱の働きが悪くなるから、水の排泄がうまくいかず、浮腫《むくみ》が出たりしやすい。当てはまる方は、お近くの漢方医や鍼灸師の先生に相談してみてほしい。

・「水―火」「火―水」の組み合わせ

人格か地格に「水―火」「火―水」の組み合わせがあれば、体質に大きな影響を及ぼす。

火と水というのは五行で真っ先に生じる重要な五行であるけれど、最も性質が激しい上に反発が強い組み合わせだから、トラブルを引き起こす力が強い。

水の流す力と火の輝きが同居しているから、体調もあまり落ち着かない。基本的にはどちらも一瞬輝きがあって、その後衝突して流れていくことになる。人格にあれば中年期に、または人間関係の中でそれが起きやすい。地格にあれば幼少期に、または本人の心中に起きるだろう。

上に水、下に火だと、先に苦労があって後になって輝いたかと思ったら流れていく。上に火、下に水だと最初輝いて、後は流れてしまう、という経過をたどる。つまり水と火の順番は時間的なものを観るときに意味を持つ。

体質的なことに絞って話をすれば、「火―水」の人は、例えばダイエットをすると数日でスルスルッと体重が落ちる。ところが一定のところで減量が止まり、またゆっくりと元の状態に戻ってしまう。「水―火」の人なら、なかなか体重は落ちないけど、努力を続けるとグンッと体重が落ちるタイミングが来る。でもまたすぐリバウンドしてしまう。

どちらも成果が流れてしまうわけだ。何かの治療をしたときも同様の経過をたどることになりがちである。だから施術者としては気が抜けない。最初の施術で一定の成果が出ても、次に同様の成果が出るとは限らないからだ。

本命星に「三碧木星」か「四緑木星」を持っていれば、この傾向を随分と抑えられる。逆に「一白水星」「九紫火星」を持っていると、この傾向が顕著に出ることになるから、より一層デリケートにココロとカラダに向き合う必要が出てくる。

・「火―火」の組み合わせ

最後に「火―火」の組み合わせを観てみよう。

「火―火」は、燃え盛る炎が2つ連なっているということだから、感情的にかなり激しくなる。このお名前は年々増えて来ているように感じる。2018年の赤ちゃんの名前ランキングをみても地格で「火―火」を作っている名前がトップテンに4つもランキングしている。さらに苗字との組み合わせで、人格に「火―火」を作る可能性のある名前も入れれば、もっと増える。おそらく、感情を抑えられないような風潮になってきていることが原因なのではないかと考えているが、こういった傾向が今後も続くのかどうかは、鑑定を生業としている身としては注目せざるを得ない。

これは、人格にあるか地格にあるかが大切な要素になってくる。地格は個人の内面だから、ここに「火―火」があると自分が抑えられない人が多い。気が狂うくらいに嫉妬をしたりする人もいる。だから、応対すると精神的にものすごく疲れる。常に交感神経が優位になっているから、カラダを触らせてもらうと、無意識に力が入り続けている人が多いのが特徴で、寝てもあまり疲れが取れないタイプといえる。

自分でもどうしようもないことだから、僕のサロンでは必ずアロマの足湯に入ってもらってから、足ツボの施術を受けてもらうようにしている。まずは昂《たか》ぶった神経を落ち着かせてもらうことから施術を進めるのがポイントだからだ。

人格に「火―火」を持つ場合は、人間関係で感情を押さえるのが難しくなる。もっというと、人間関係の中で相当の我慢を強いられているタイプとも言える。だけど、大人であれば、なかなかそれを外に出すことはできないから、必然的にストレスが溜まる。それがいつしか爆発することになるから注意をしておきたい。

「昔はあんなに良い子だったのに……」と言われてしまう人は、こうしたお名前を持っていることが多い。大人になってきたからグレたのではなく、子供の頃から周りに我慢を強いられて来ただけのことだ。だから、このタイプの人は話をゆっくりと聞くことが大切になる。爆発する前に、吐き出してしまうことも大切なことだ。

「大挟み」や「縛り」を陰陽の配置に持っていれば、我慢はさらに強くなる。さらに本命星に「一白水星」を持っていれば、火に押さえつけられてかなり苦しくなる。だから、話をゆっくり聞いてあげると、驚くほどの恨みつらみが次々と出てくる。それらをひとつずつほどいていくのが鑑定士だったり、セラピストの使命だと思っている。

また、陰陽と同様に、1文字名の場合は同じ五行を1つ付け加えて鑑定することになる。1文字苗字の場合も同様だ。そうすると、「関《カン》　弘《コウ》」さんの場合は、姓名の五行が「木木木木」となる。「島《トウ》　努《ド》」さんなら「火火　火火」と「火―火」のお名前となるし、「坂《ハン》満《マン》」さんなら「水水　水水」となる。いずれも鑑定法はここまで述べたのと同じだから、落ち着いて鑑定をすればそんなに難しくはない。

5　陰陽と五行を総体的に鑑定する

以上が凶作用を引き起こす五行の組み合わせとなる。

ところどころに書いておいたけれど、ここまでお伝えした陰陽と五行を単独で鑑定することはほとんどない。両方を総体的に鑑定することが重要になる。

ここからは文章だけの説明では難しいから、実際の鑑定内容をみていくことにしよう。

（例1）「石川　孝子さん（仮名）」１９４９年10月24日生まれの女性。

特に目立った愁訴はないのだけど、疲れを訴えて来店された。この方の情報を整理すれば次のようになる。

まず観るべきは陰陽で、この人の場合は「○○　○○」の片寄りとなる。本命星、月命星ともに「六白金星」だから、70歳を迎えようとする今でも、バリバリ現役で働いているのも納得できる。怖いのが仕事をやめてからだ。陽の片寄りだから、イケイケで人生を進めてきたけれど、一旦崩れると一気に崩れるのが片寄りの特徴だから、仕事をやめて気を抜いたときに体調もガクッとくる可能性が高い。

次に五行を観ると、「金金　木金」となっており、金が多すぎる。カラダはかなり硬いだろう。

そして、この人の場合は、名前の一文字目の陰陽を反転させれば陰陽が整うわけだ。逆にいえば、この人の体質的な問題はこの「孝」の字にある。つまり、この孝の持つ五行「木性」の問題なのだ。そしてそれは「陰」であれば整うわけだから、「木性の陰」が不足しているということに気づくだろう。つまり、36頁に掲載した「五行の性質一覧」の「五臓」「六腑」を見ていただければわかるように、「肝」に問題があると観ることになる。

だからこの人の体質鑑定をまとめると、

①本命星が「六白金星」だから、明るい人だ。
②月命星が「六白金星」だから、体もかなり強い。
③本命星と月命星が同一だから、我慢強さもすごい。
④陰陽は片寄りだから、体調が崩れると一気に悪化する。
⑤また一度悪くすると長引くから注意が必要だ。
⑥五行は金が多すぎて、体は硬いだろう。
⑦肝に問題があるから、貧血を起こしやすい。また筋肉のひきつれなどを起こしやすい。
⑧目が疲れやすいだろう。

といった体質傾向が観えてくる。

また本命星、月命星、姓名ともに金性が多く、カラダの金性の問題も気をつけておきたい。肺や大腸に癌だったり、ポリープなどができそうだから、健康診断は欠かせないということも合わせてお伝えしておくことが重要になる。

もう1つ例を上げてみよう。

（例2）「森下　理沙さん（仮名）」。1976年9月9日生まれの〈本命星：六白金星〉〈月命星：七赤金星〉となっている。

先ほどの例1の石川さんとは、本命星は同じだけど、月命星が違う。多くの九星気学の本には本命星だけで健康運が解説されているが、月命星と姓名鑑定を用いれば、同じ本命星でもまったく違った姿が浮かび上がってくることになる。では実際に観ていこう。

①本命星が「六白金星」だから、明るい人だ。
②月命星が「七赤金星」だから、歯や口腔のトラブルに注意しておきたい。
③陰陽は「上蒔き直し」となる。
名前の一文字目に陰が不足するから、右股関節に問題がある。
④蒔き直しだから、その問題は何回も繰り返しているだろう。

⑤五行はバランスよく含まれている。
⑥ただし、地行の火に問題がある。「火の陰」だから、心の問題であることが考えられる。
⑦血流が滞りやすいから、月経痛なども強いかも知れない。
⑧汗をよくかくタイプだろう。

と、ザックリと読み解くことができる。

このようにある程度の情報を頭に入れておいて、愁訴を訊いていくのが当サロンの施術の進め方だ。この人は話を訊いていくと、右の股関節がいつも外れそうな感覚があるそうだ。そして、それは学生時代にバレーボールをしていたときに、右膝の前十字靭帯を損傷してから、何度も繰り返し痛みが出ているらしい。いつも痛いわけではなく、思い出したように痛むらしい。まさに蒔き直しの特徴だ。

そして、生理不順で目の周りにクマが目立つことが多い。これらは瘀血《おけつ》の症状だ。そういうことを踏まえて、当店では心と肝の反射区を中心に足ツボをした後、骨格矯正をしながら歪みを取りつつ、少しずつカラダのバランスを改善するように施術を進めている。

肝に関係する反射区を中心に足ツボを進めるのは、股関節は「四緑木星」（肝は木性）

が担当するのと同時に、股関節を胆経が通過することからだ。股関節の位置を整えると、胆経、肝経、脾経など関係する経脈の流れもスムーズになる。

名と生命が関係するように、カラダの形（骨の歪みなど）と内面（五臓六腑）も関係していると考える「観相学」の考え方を応用して施術を進めているわけだ。

◎天地の配合

では次に天地の配合をみていこう。これは苗字（＝天）と名前（＝地）のバランスを観ていく鑑定法だ。これも姓名鑑定上では、かなり重要な意味合いを持つのだけれど、ここでは体質鑑定に関係が深いものだけをピックアップしていくこととする。

1　天地同数

これは苗字の一番上と名前の一番上の画数が同じ場合を指す。

例えば、「山本　三郎」さんだと山が3画、三も3画で天地同数となる。他にも「前田美佳」さんの場合は、前が9画、美が9画でこれも天地同数。「種田　嘉子」さんなら種と嘉がともに14画でやはり天地同数となる。

この天地の配合の特徴は天と地が磁石のN極とN極が反発するように離れていくところにある。個人の生命で考えると、天は陽で身体、地は陰で精神。つまり、身体と精神が離れていくというイメージである。

具体的にいうと、怪我や病気をすると、病院だとか接骨院だとかに治療に行くのが普通だけれど、「治そう、治そう」という精神の働きと反対に体調が悪くなってくる。いつもココロとカラダが反比例するような状況に追い込まれる。

この傾向は、天行と地行の五行が同じだと余計に強く働くことになる。右の例の「山本三郎」さん、「種田　嘉子」さんは、天地がともに金性だからかなり強く天地同数が働く。また、9画の天地同数は非常に影響が強い。また、数字が大きいほど影響も大きくなるから、その点は知っておくとよい。

2　天地総同数

姓名同数とも呼ぶこのお名前は、その名の通り姓と名の画数が同じ、つまり天格の画数と地格の画数が同じ場合を指している。

これは天地同数をさらに大きくしたようなもので、身体と精神が強烈に引き離されるから、影響は天地同数よりもうんと強くなる。

「島田　賀子」さんなら、天格15画、地格15画で天地総同数。

「重山　英三」さんなら天格12画、地格12画の天地総同数。

本当に少ないけれど、稀にいるから注意して観ておきたい。

天地同数や天地総同数の人は、あまり一生懸命にならないことが大切である。ダイエットなどもゆっくり進めないと精神を病んだりしかねない。病気や怪我もノンビリと治療を進めるのがポイントになる。急ぐほどに回復が遅くなるのだ。

施術者・治療家としても、腰を据えて向き合うことがポイントになるだろう。

◎画数

1　画数の姓名鑑定上の位置づけ

画数のことはほとんどの方が聞いたことくらいはあると思う。これは元々古代中国の数理という数字の哲学を元にして、その数字の持つ気を明らかにしていったものなのだけど、実は姓名鑑定の中ではたったの10パーセントくらいしかウエイトを持たない。

巷《ちまた》に流布している「赤ちゃんに付けたい画数！」などの本の内容は、ここまで語った五大真理をほとんど知らないままに書かれているから、正直あてにならないと言っていいと思う。この本で語れなかった「読み下し」が姓名鑑定の30パーセントを占める。いや、本音を言えば50パーセント以上を占めると言ってもいいくらい重要だ。

また、三大原則と呼ばれる「字音・字形・字義」についてもほとんど触れていないが、こちらもかなり重要になる。その上で「五行」「陰陽」「天地の配合」が残りの60パーセントを20パーセントずつ担当していると言える。

だから、画数だけ合わせて名前をつけるのはオススメできないと前述したのだ。画数を合わせるために、無理やり取ってつけたような名前や、音だけを重視したキラキラネーム。一体これからの日本にはどんな姓名＝生命が溢れるのだろうか。心配で仕方ないが、これは我々鑑定士が精進を怠り、堕落し、社会的信用を失ってきた証拠だろうから、甘んじて受け入れ、より一層多くの方に姓名鑑定の本来の姿を知ってもらうように努力を続けるしかないだろう。

さて、画数に話を戻そう。姓名鑑定上の10パーセントしかウエイトを持たないとは言え、決して無視していいものではない。コップの水に一滴でも青酸カリが入れば、もうその水は飲めない。そのくらい生命というのは毒に対して敏感だ。たった10パーセントの画数が凶になれば、その姓名はそれだけで正名とは呼べない。

だけど画数というのは、良い数字を使えば使うほど、他の五大真理の凶を強く引き出すということを覚えておいてほしい。画数を除いた「読み下し」「五行」「陰陽」「天地の配合」を釣り鐘とすれば、画数は橦木《しゅもく》（鐘を叩く棒）と呼ぶのがわかりやすいだろう。

橦木が良いほど、鐘の悪い音も良い音も強く鳴り響かせる。正名であれば良い画数が素晴らしい生命の音を鳴らせるし、凶名であれば、悪い音が大きく鳴り響く。

つまり、陰陽が中断であったり、「火—水」の五行を持っていたりして、総画31画を持っていたりすると、非常に強い中断の特徴や「火—水」の特徴が表に現れることになる。

これをよく理解していただきたい。だから、「画数を気にするくらいなら、願いのこもったお名前をお子さんに付けてあげてください」と言っているのだ。

では、この画数を体質鑑定にどう活かすかを考えていこう。

その前に、東洋の数理の哲学「数理」について少し説明したい。

2 数理の基礎

① 東洋の数字はデジタル思考である

まず、東洋の数字の概念というのはデジタル思考であるということを知っておいてほしい。デジタルとは量を持たない。簡単に言えば、11という数字は「1と1から成る」という概念を持つ。決して「11は9より大きい」などという量的な概念を持っていないのだ。

② 元数と盈数

二桁の数字の場合、一桁の数字を重視する。

例えば「32」であれば、2という数字を中心に考えることになる。この鑑定上もっとも重要な数字を「元数」と呼ぶ。そして3は「盈数《えいすう》」となる。「盈《えい》」というのは、「満ちる」という意味で、要するに「あまりもの」なのだ。だから、画数鑑定を進める上では、一桁の数字をよく知る必要がある。

③ 幼数と老数

東洋の数字は五行を中心に作られている(下図参照)。だから、1から5までを基本とする。これを「幼数」と呼んでいる。この幼数の組み合わせで出来上がる6から0を「老数」と呼ぶ。もっと言えば、幼数自身も1と2の組み合わせでできている。つまり東洋の数字の哲学の基本は二進法だ。

数理の表					
幼数	1	2	3	4	5
老数	6	7	8	9	0
五行	水	火	木	金	土
九星	一白	九紫	三碧 四緑	六白 七赤	二黒 五黄 八白

天と地という2つの概念から全ての数字が生まれている。日本は明治維新以降、欧米の科学を積極的に取り入れて現在があるのだけど、姓名鑑定を行うたびに、僕は東洋の数学の概念に感動すら覚える。これを機に、ぜひ東洋の数字の哲学を学んでもらいたいと思う。体質鑑定からは少し離れるかも知れないけれど、知っておいて損はないはずだ。

では、実際に数字の持つ気とそこから生じる意味合いを観ていこう。

「一」という数字の持つ「気と意味」

一は「万初《ばんしょ》」と呼ばれる。天を表し、万物の根源を表す数だ。東洋では「太極《たいきょく》」といって、宇宙の根源はたった一点の凝縮されたエネルギーだったと考えられている。そこから陰陽が分かれ、五行が発生するわけだ。その陰陽の最初、陽を担当する。

キリスト教でも「光あれ」と神が宣言して世界が創造されたとしているが、東洋でもやはり最初に光がある。そういったスタートの光を「一」という数字が担当している。とても尊い数字だから吉の意味合いが強い。元数に「一」が入れば、ほとんど運数としての吉の働きはかなり強い。

「一一」「二一」「三一」「四一」「五一」。こういった数字は経営者が好む数字だけど、もちろん注意点はある。陽の数字だから、女性に使うのはふさわしくない場合も多いということも合わせて知っておいてほしい。特に「一一」は「陽・陽」であり、男を二人連れてくるという意味合いがでるので、五大真理が整わないと痴漢などに遭いやすかったりする。

こういった意味を持つのだが、忘れてはならないのは、根源という意味から「全部」という意味にも解釈される。『華厳経』に「一即多」という言葉がある。現代では「いっしょくた」という言葉になっているけれど、「一つは全部」という意味になる。だから、数理は、この「一」を学ぶことが大切だ。「九星気学」は、「一白水星」の理解を深めるほどに鑑定がうまくなる。大いなるかな「一」の哲学、と言ったところか。

「二」という数字の持つ「気と意味」

二は「一＋一」からなる数字だ。陽の代表「一」が繰り返し、「陽極まり陰と為す」で、陰、すなわち陽の天に対して、地の代表の数字となる。また「繰り返し」の意味から「復」の意味となる。さらに、一本の木を真ん中で割ると二になるから「離散」の意味も持っている。

そういったことから二という数字は孤独という意味が強い。「離散」を「繰り返す」からだ。「二二」はその二が繰り返すから、非常に危ない数字となる。画数鑑定で「二二」

を嫌うのはそういったことにある。「人格」「地格」に「二二」をもっていれば、体質的にも苦労は大きい。見た目はよいのだが、それに対して身体機能がついてこない。分断の意味があるから、中断名や本命星が「九紫火星」や「一白水星」を持っていれば、なおさら社会での活動が盛んになるほどに、体調は低下する傾向にある。

「三」という数字の持つ「気と意味」

三は「一＋二」からなる数字で、天と地を含み宇宙全体を表す数字となる。『易経』に「参天両地《さんてんりょうち》」という言葉があるように、三は天を象徴する数字だ。また、天（＝陽、父）と地（＝陰、母）が交わって生まれる数字だから、産であり、天地の子である人（じん）を代表する数字でもある。だから生み出すという意味があり、めでたい数字となる。「一三」「二三」「三三」などは経営者が好んで使う画数だけど、やはり三は奇数で陽だから、あまり女性に向く数字ではない。「三三」は特に非常に陽が強くなるから、女性にトラブルを起こしやすい。持っていたり、使用するなら注意が必要でもある。本命星が「六白金星」であればなおさらだ。また陽の片寄りであれば、右半身に強く問題が出るから注意しておこう。

「四」という数字の持つ「気と意味」

四は「一＋三」と「二＋二」からなる。「一＋三」であれば、「初＋産」となりめでたい意味がある。一方で「二＋二」だと復が重なるから重複の意味となる。どちらの意味合いが強いかと言えば、四は偶数だから、どうしても「二＋二」の意味が強く出てしまう。それゆえに「四は死」であり、姓名鑑定上は嫌われる傾向にある。ただし、他の五大真理が整っていれば、使っても構わない数字だと言うことも伝えておきたい。

体質鑑定上では、人格、地格に四の元数が入る場合は注意しておこう。あまりカラダが強い方ではない。特に「一四」は「じゅうし」と読み、「重死」の意味が出るから、体力的にかなり弱い。にもかかわらず、無理を重ねるタイプだから、自分が思っている以上にカラダに無理をさせている。早めの休息とケアが必要な画数だ。

「五」という数字の持つ「気と意味」

五は一から九の実数のちょうど真ん中にいる数字だ。「五黄土星」の五は真ん中という意味を持っているということを表している。森羅万象の真ん中ということで「完成」という意味をもち、正しさを表している。だからこの数字を持っていて、陰陽五行が正しく整ったお名前を持っていれば、カラダのバランス感覚は非常に良い。

「一五」「二五」「三五」など、すべてバランス感覚に秀でている。例えば海を渡って活躍を続ける「イチロー」選手。本名は「鈴木一郎」で人格5画、陰陽五行は整っている。体幹部のバランスの良さは、不断の努力はもちろん一番大きいが、名前の占める要素も多分に影響していると思っている。

「六」という数字の持つ「気と意味」

六は「吉凶中端」と呼ばれる数字になる。また「両軌《りょうき》」とか「半」とか呼ばれたりする。これは六という数字が「三＋三」「二＋四」「一＋五」と3種類の幼数の組み合わせを持つ唯一の数字であることが理由だ。3つの組み合わせを持つのはこの六という数字だけで、もっとも多くの意味合いを背負っている。

そのため「六白金星」という星もまた、六という数字のままに多くのものを背負い歩むことになる。六というのは、リーダーシップの数字なのだ。「一六」「二六」「三六」などすべて苦労が多い数字だから、これらを人格、地格、総格に持っている場合は、カラダに無理をしながら生活をしている場合が多い。ただし、一見しっかりしている人が多いから、施術者は注意深くカラダを観察しなければならないし、読者の方も自身のカラダのケアは怠らないようにすべきである。このように無理が効く数字であるということを覚えておこう。

「七」という数字の持つ「気と意味」

七は「立《りつ》」と呼ばれる。「四＋三」「二＋五」という幼数の組み合わせからなる数で、三は幼数の中央であり、五は数字の中央であるから、「真ん中に立つ」という意味がある。一方で四と二という苦労も背負っているから、「苦労の中に立つ」という意味を表している。だから、「七赤金星」という本命星を持つ人は、幼少期から苦労が多い。親御さんとの縁が薄かったりするけれど、実はその方が運勢は強い。また、「モテ数」などと呼ばれるけれど、女性は美人が多いのも特徴。

「七」「一七」「二七」がどこかにある女性は美人が多くみられる。反面、白黒をはっきり付けたがるので、陰陽五行が整わないとワガママになる人もいる。また、せっかちな人も多いから、ゆっくりと物事を進める習慣を身につけたい。

体質上は、短気を起こしやすく、成果が出ないとすぐに辞めてしまうことから、養生法も長続きしない。東洋の療術は、成果が出るまで時間がかかることが多いから、焦らないことが大切。施術者であれば、この画数を持つ人には、思った以上に時間がかかるということを予め《あらかじめ》理解してもらうことがポイントだ。読者の方は、納得した養生法は一定期間続けることを心してもらいたい。

「八」という数字の持つ「気と意味」

八は「上昇発展」と呼ばれ、めでたい数字とされる。昔から「末広《すえひろ》がり」と言われ、名古屋市では市章になっている。ただし、八は「や」と読むが、「弥（＝春の訪れ）」である反面「嫌」でもある。「三＋五」と「四＋四」からなる数字で、「三＋五」は中央と中央の組み合わせでたいへんめでたい一方で、「四＋四」は重複が重複するという意味になる。だから、吉数である反面、離散の危険性を孕《はら》んだ数字であるということを知っておきたい。

「二八」がその代表格で、離散の傾向が強い。総格、人格、地格のどこかにこの数字を持っていると、カラダがついていかないような無理をする。早めのケアと定期的な健康診断を欠かさないように。

「九」という数字の持つ「気と意味」

九は実数の最後に位置し、「最高」の意味を持つ。しかし、東洋の思想は、仏教も儒教も最高を嫌う。最高ということは、あとは落ちるだけということで、「変化」を表わす。「九紫火星」の九は、こういった意味を持っている。地格や地数に9画を持っていれば、自分が最高であるという考え方を持ちがちだから、いわゆる頑固者になりやすい。そして、ギリギリまで我慢するから、「気づいたときにはもう手遅れ」ということが多い。当然、本命星に「九紫火星」や「一白水星」、「二黒土星」をもっていれば、その傾向はさらに強まる。

何を隠そう僕自身、本名では地数に9画を持ち、本命星が「九紫火星」の人間だったから、この九という数字の持つ傾向は身にしみて理解している。26歳頃のことだったか。整体業で独立を果たして間もない頃、背中に痛みを感じた。むず痒《がゆ》いような感覚で、激痛というわけではないから無視して仕事をしていたが、痛みは徐々に強くなっていった。

3日間ほど激痛が収まらず、スタッフに諭されて病院に行ったところ、「すぐに胃カメラ」と医師の先生に言われ、人生初の胃カメラによる検査を受けることになった。喉に麻酔をし、カメラに映し出される映像を見ながら先生の話を聞いていた。

十二指腸の辺りまで行ったところで、先生が「何だこの数の潰瘍は」と漏らした。画面を見るとツブツブ状の潰瘍が所狭しと存在していた。

「もっと早く気づかなかったの?」と言われたが、今になって思えば、9画という数字が為し得た我慢だったのだろう。この画数を持つ人が、施術者の元を訪れたときは、すでに症状がかなり進行している場合が多い。読者の皆様においては、自身が9画を持つのであれば、自己で健康状態を判断しないように。聞く耳を持つことが何よりも大切だと忠告する。

「〇《ぜろ》」という数字の持つ「気と意味」

〇は九と一の間に位置する非常に特殊な数字だ。仏教では空とも呼ぶけれど、「何も無い」という意味と「ここから生まれる」という2つの意味を持っている。けれど、基本的には「何も無い」の意味が強いから、「一〇」「二〇」など姓名鑑定上では嫌われる数字が多い。

この数字を人格や地格、総格に持つと、体質的には努力が徒労に帰すということから、ダイエットなどもリバウンドの可能性が強い。健康にも恵まれないことが多く、月命星が「一白水星」であれば、その傾向はさらに強まる。「二〇」は特に「無を繰り返す」という意味で、何度も成果がゼロになるから、年齢を重ねるほどに、諦めや孤独感が強くなることに注意しておこう。施術者であれば、施術の前に、その孤独に寄り添うことが大切だし、読者の方なら、悩みが生じたときは、かならず友人などに相談することを心がけてほしい。

以上が数字の持つ気とそこから生じる意味合いとなる。これらの数字の意味を組み合わせて、1から81までの数字に意味をもたせているのが画数の深義だ。また別の機会に詳しく説明させてもらいたいと思う。

ここまで姓名鑑定による体質の鑑定法をお伝えした。僕が体質鑑定を行う上で、最も重視するのがこの姓名鑑定だ。やはり「姓名は生命なり」で、お名前は命そのものを表している。だからこそ、命と同様に敬意を払って扱うようにしたい。

繰り返しになるが、鑑定というのは人を活かすこともできるし、殺すこともできる。姓名鑑定はあくまでも客観的に鑑定することが重要であって、判断することではない。それを忘れることなく鑑定の技術を磨くことに精進してほしいものだ。

名前の陰陽一覧表

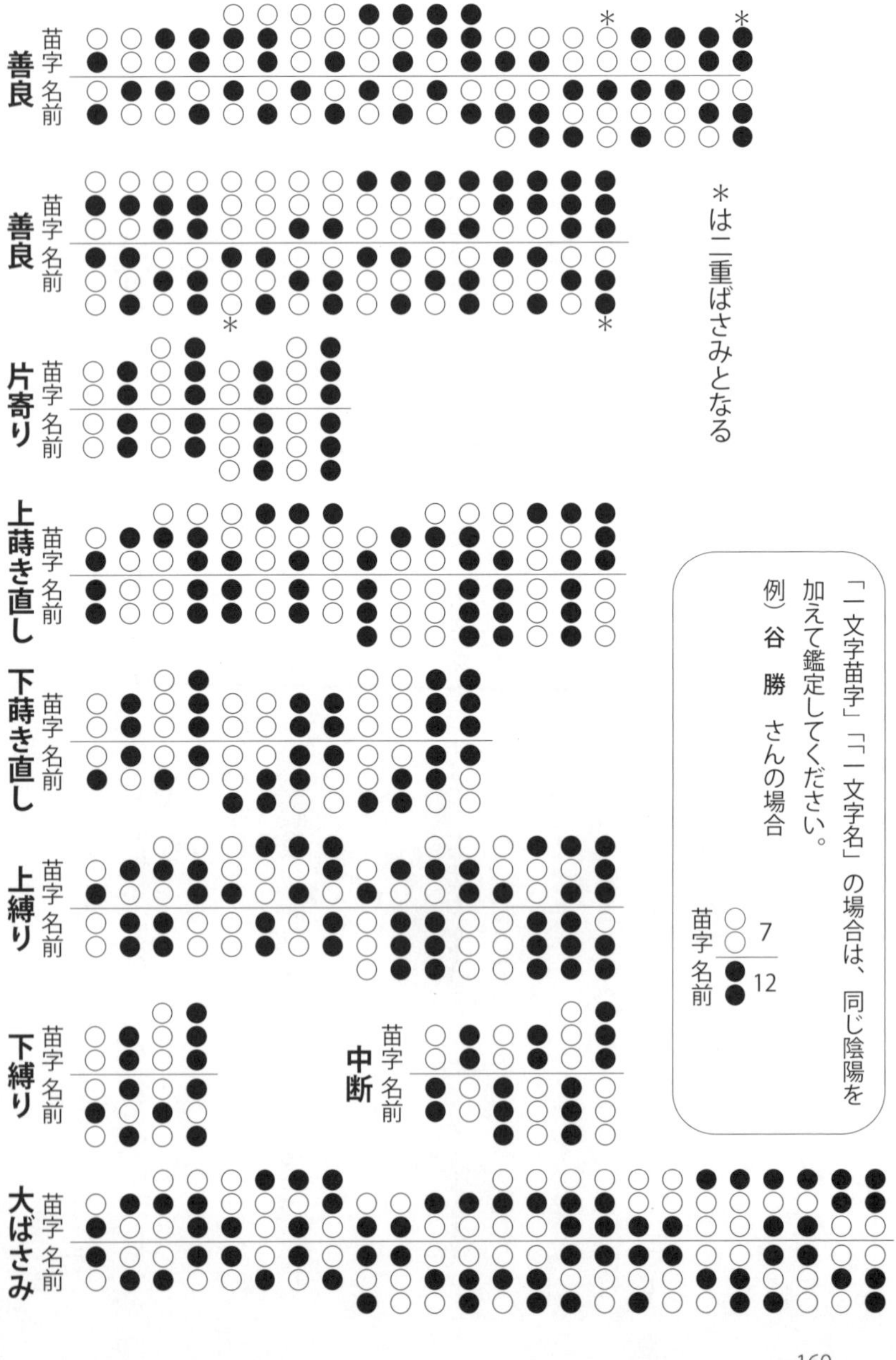

＊は二重ばさみとなる

「一文字苗字」「一文字名」の場合は、同じ陰陽を加えて鑑定してください。

例）谷　勝　さんの場合

苗字　○○ 7
名前　●● 12

第4章

顔から観る
あなたのココロとカラダ

◎顔相というもの

体質鑑定の最後に顔相を用いた「体質鑑定」の方法をお伝えしておこうと思う。

この「顔相」というものは、一般的には人相などと呼ばれているけれど、正確には顔相＝人相ではない。そもそも「相」というのは木と目という字を合わせた字だ。その通り、木を切り倒せば、年輪を見ることによって、そこまでの木の成長の様がよく見える。

「この年は一気に成長しているから、天候が良かったのだろう」とか、「この年はあまり年輪が大きくなっていないから、病気にかかったのかもしれない」とか。そういった「目に見えるものから、目に見えない内的な事情を鑑定する」ことを「観相」という。人相も顔相も、その「観相学」の一部に過ぎない。

では、「観相学」を体系的に分けて考えてみよう。

1　家相学と人相学

「東洋観相学」は大きく2つに分けることができる。

1つ目が「家相学」で、もう1つが「人相学」だ。この家相学には①環境相学（風水）②地相学　③家相学と、さらに3つに分類される。この本では家相についてはあまり語るつもりはないが、一般的に「風水」と「家相」が混同されているのが昨今の現状だ。

「風水」はその名のとおり、どこからどこに風を通し、どのように水を流すか、といったことを観察する学問で、都市の開発など、大規模な範囲の鑑定を行う際に用いる。東に青龍《せいりゅう》、南に朱雀《すじゃく》、西に白虎《びゃっこ》、北に玄武《げんぶ》と4つの神様（＝四神）を想定し、その神様がある一定の地域に存在するかどうか、ということを観ていく。この四神の思想については、顔相でも用いるから、ここでは名前のみを覚えておいてほしい。

大切なことは、この環境相というものは大きな範囲で用いるべきもので、1軒の家に対して用いるものではないということだ。つまり「風水インテリア」などというものは本来存在しない。家という小さな範囲を対象とするのは、あくまで「家相」だから、その点は間違えられないようにしてほしい。

この環境相学をベースにして、平安京や江戸という大都市が作られていった歴史がある。

一方で「人相」というものは「体相学」「骨相学《こつそうがく》」「顔相学」「手相学」「足相学」の5つに分類される。

「体相学」は、「手が長い」とか、「肩幅が大きい」とか、カラダの特徴をもって、その人の性質などを観ていく学問だ。

次に「骨相学」は、骨の長さや太さなどを観るものだ。これは身近なところでは、ドイツのマルカート式の足ツボなどにも影響を与えていると思う。マルカート式の反射区は、骨格を考慮したものになっている。昔から靴に対する意識が高かったドイツには、足というものを大切にする文化が成熟しているのだろう。

そして、その次に「顔相」「手相」「足相」がある。これらはその名の通り「顔の相」「手の相」「足の相」を観ていく学問だ。

手相は1週間から数年後までの未来を観るのに適しているし、足相は宿命的なものを観ていくのに適していると言われる。顔相は過去の生活の仕方を観ると同時に、近未来の予測をするのに向いているから、「体質鑑定」には用いやすい。東洋医学を学んでいる方は、もともと「八綱弁証《はっこうべんしょう》」という一種の観相法を用いて病気を鑑定しているだろうから、それに加えて顔相を活用されると、さらに治療に精度が増すと思う。

とにかく、顔相とは、顔の相(=形)によって、その人の表に出てこない生活の内容だとか、性質、性格といったものを見抜く学問であるということを知っておこう。

2 顔相の鑑定における基本概念

①人間とは、決定された道を、その本人がどのように歩くか、が最も大切である。人生の歩き方で顔は変化し、骨格は改まる

人間が生まれながらにもったプロフィールを「宿命」という。日本に生まれたら日本人。1981年に生まれたら「一白水星」。戦時中に生まれた人と戦後に生まれた人では環境が違うし、親の収入によって決まる道も確かにある。だけど、そういったプロフィールを背負った上で、どのように人生を進めていくか――の方がはるかに重要なことだ。

そして、生き方によって顔も骨格も大きく変わっていく。体型だって、生活によってどんどん変わるのだから、顔だけが変わらないなんてことはあり得ない。だからこそ、今の顔よりも、どのように変わっていくかの方が鑑定において注目すべき点なのだ。

②志の抱き方でも人間の顔は大きく切り替わる

だから、未来に向けてどう歩むか、で顔の善し悪しはどんどん切り替わる。かく言う僕も、高校生くらいまでは一重瞼で小さな目だったが、今では二重瞼に切り替わり、目もずいぶんと大きくなってきた。目の大きさについては後述するけれど、顔はどんどん変わっていくということを知っておいてもらいたい。鏡に映った自分の顔などで悩む必要はない。その顔を作っている人生の進め方を悩むべきなのだ。

③人生の道と生活の内容で顔は大きく切り替わる

生活の内容というのは、例えば、お金持ちの人とそうでない人、経営者と労働者などではまったく生活の仕方が違う。また、お坊さんと一般の方とでも生活の仕方が違う。生活習慣が違えば、顔も変わる。教育者には教育者の顔があるし、公務員には公務員の顔がある。社会的な立場などにより、決められる一定の生活のパターンや思考のパターンによって顔も変わるということを知っておこう。

④一方、顔によって人生は切り替わり、生活は切り替わる

逆に、顔を変えることによって、人生も大きく変わっていく。芸能人などでも、美容整形が当たり前になってきているから、それによって運勢が変わってしまうこともよく見受けられる。日本でも随分と美容整形が市民権を得てきたけれど、まだまだ「顔にメスを入れるなんて」という否定的な意見も根強い。

僕はといえば、どちらかと言えば賛成だ。ただし、40歳までは顔の形はどんどん変わるから、そんなに気にする必要はないと思っている。また、必要以上にエラを削る手術は反対だ。後述する「シェルドリン法」の「心性質」に切り替わり、精神的に病むきっかけになりかねない。

⑤顔によって体質や病質も大きく切り替わる

そして、体質や病質は、顔相の影響を大きく受けることになる。だから、顔を変えると体質は変わる。逆に言えば、体質が変わると顔も変わってくることになるから、現在の体調、体質を知るのに顔相はおおいに役に立つのだ。

◎シェルドリン法とは何か

まずは顔相法の基本である「シェルドリン法」について知ろう。

シェルドリン法とは、西洋顔相学で用いられる考え方だ。骨相学の影響を強く受けて、人間の顔の形を骨格の形によって分類していく鑑定法だ。顔相で重要なのは、鼻だとか眉毛だとか部分の形ではなく、全体の形が最も優先されることだ。

家相などでも同様のことが言える。間取りだとかインテリアだとかの前に、家の一階平面図の形こそが最も重要になる。手相でも手のシワがどうこうの前に、手の形が最も重要になる。東洋の鑑定法は何よりも「形」を大切にしているということを知っておこう。家の形を語る前に、間取りの吉凶を観る鑑定士はほとんど未熟だから、占いなどを受ける際に知っておくと便利だろう。

話を戻して、シェルドリン法によって分類される顔の形のパターンは百を越える。とても全ては紹介できないから、ここでは大きく3分類してお伝えすることにする。シェルドリン法によると、人の顔は大きく、①栄養質　②筋骨質　③心性質に分類される。

顔の特徴としては、①栄養質はいわゆる丸顔だ。全体が丸みを帯びていて、柔らかいフォルムを持つ。②筋骨質は角顔と呼ばれる。アゴの強さが目立ち、全体的に四角い印象を与える。③心性質はアゴが細い特徴を持っている。

まずはご自身がどれに当たるかを確定させてみよう。

① 栄養質

それでは順に観ていくことにしよう。

まず、「栄養質の顔」の場合の特徴は、次のようになる。

Aあまりきっちりさを持っていない
Bムラッ気が多い
C美食病に注意

Aあまりきっちりさを持っていない

この顔の人で几帳面な人はほとんどいない。これは問題ではなく、長所としての働きが強い。だいたい人生なんて、思ったように進むことは少ない。そういった人生を歩んでいくときに、大雑把さは重要な徳分と言える。

この顔の人は、自分に対しても大雑把だし、他人に対してもおおらかだ。だから、周囲に人がたくさん集まりついてくる。この顔の人の強みは、決して孤独にならないことだ。綾瀬はるか、有村架純、土屋太鳳など、チャーミングな魅力を持つ芸能人に多いタイプの顔だろう。

また、スポーツ選手でいえば、ソフトバンクの柳田外野手やエンゼルスの大谷投手なども挙げられる。このタイプはカラダが丈夫なので、怪我をしても割と早く回復するのが特徴だ。カラダの回復には、大雑把さが欠かせないのだと思う。ただし、アスリートのカラダは繊細だから、大谷選手には焦らずに回復に努めてほしいものだ。

Bムラッ気が多い

ざっくりした思考傾向を持つから、気分もムラが大きくなる。つまり、やるときは猛烈に物事を進めるけれど、急に動かなくなったりする。そのギャップが魅力なのだけど、ときとして周囲からは「ちゃんとして」などと言われることも多い。

ただ、「ちゃんとする」ことが良いことかは別問題である。往々にして、世界の偉人はムラッ気が多い人が大半だ。孔子なども会いたくない王様には駄々っ子のように会わなかったりした。日本最高の医師・貝原益軒《かいばらえきけん》先生も、名著『養生訓』の影響で、堅物の医者として考えられがちだけど、旅行好きとしても知られ、『和州巡覧記』という旅行記を記している。また、貝原益軒と名乗る前は貝原損軒と名乗っていた。これは『易』の「損《そん》」「益《えき》」の卦から取った雅号だけど、こういった遊び心もあった。とにかく、ムラッ気は周囲に迷惑をかけない範囲なら決して短所ではないと思っていい。

C美食病に注意

ムラッ気によって引き起こされる注意点として、美食病になりがちなところを挙げておこう。この顔の人は普段からというわけではないが、ときとして異常な食欲を示す。だから、割とダイエットは苦手だ。もちろん、ダイエットに励めば、顔が痩せ、心性質になる場合がほとんどだから当然なのだが。

また、この顔の人はやっかいなことに、周囲にもどんどん食べるように促すから、周りも太りやすい。食べることは、人間の悦びの中でも大きなウェイトを占めるから、幸せを周りに撒き散らしているともとれるけれど、周りの人は食べすぎないように気をつけるようにしたい。また読者の方自身がこの顔であれば、食べ過ぎに起因する病気にかからないようにしよう。

② 筋骨質

次に「筋骨質の顔」について観ていこう。

この相を持つ人の特徴は次のようになる。

A精力的でたくましい
B負けず嫌い
C呼吸器に問題が出る

A精力的でたくましい

この顔の人は精悍《せいかん》な雰囲気を持っていて、その通り物事に非常に精力的に取り組むことになる。だから、組織などでも才能を発揮するのは早く、割と早い段階から成果を大きく

出すことになる。ただし、非常に現実的なところがあり、「使えるものは何でも使う」といった性格を持っているから、周囲からは「えげつない」などと評されることもある。また、冷静であると同時に冷徹なところもあるから、愛に乏しいところもある。だけど、それは愛に出会っていないだけで、この顔の人も本当に素晴らしい恋愛をしたりすると、顔も角が取れ、丸くなる。顔の変化と同時に、ココロも丸くなり、栄養質の雰囲気を持ってくるから、鑑定士、整体師としては、そういった顔の変化に敏感でありたいと思っている。

ご相談にお応えした後、帰り際に何となく顔が丸くなって席を立つ方もいらっしゃる。そういうときは、「あぁ、何か腹に落ちたんだな」と思うのだ。

B負けず嫌い

精力的であるとともに、非常なる負けず嫌いであることも、この顔の特徴だ。整体の施術にみえたときも、「絶対にこの痛みを克服する!」などと言ったりする。もう少しココロの余裕があればいいのに、と思うのだが、本人は一生懸命だから、そうも言ってられない。

「歯を食いしばって我慢する」ということを繰り返してきたから、アゴが発達し、こういう角型の顔が出来上がるわけだから、顎関節はかなり負担がかかっていることが多い。

施術の際は咬筋《こうきん》などが異常に緊張していることも多いから、頸椎《けいつい》（首の骨）周辺の筋群を、まずはリラックスしてもらうように緩めてから頸椎の矯正をしたりする。顎関節の緊張が取れると、ココロに余裕が出てさらに運勢が強くなる。

アスリートがマウスピースをして成績を向上させたりするのも、この顎関節の緊張と切っても切れない関係があるからだ。より仕事や恋愛をうまく進めたい人で、自身が角型の顔であれば、歯科医に相談してみるといいだろう。またこの顔の人が本当に良い恋愛をすると、いわゆる「角が取れ」て、エラのラインがしまり、丸みを帯びてくる。すなわち栄養質の運勢に切り替わってくるのだ。

C呼吸器に問題が出る

顎の開きのことを「エラ」というように、顎と呼吸器は密接な関係を持っている。この顔相を持つ人は、呼吸器に問題を持つことが多い。だから、まずは喫煙を辞めることが健康を増進する一番のポイントになるだろう。男性で、眉間に深いシワが刻まれていれば、余計にその傾向は強まるから注意しておきたい。1日に1回は、ゆっくりと深呼吸をする習慣をつけるようにしたい。そういう意味でヨガや座禅などを行うだけで、顔の形が少しずつ改まってくる。水泳やジョギングなどもオススメだ。心肺機能向上とともに、エラはしまり、丸顔になり、運勢も栄養質に近づくことになる。

③心性質

最後に心性質の特徴を観ていこう。
この顔相の特徴は以下のようにまとめられる。

A頭脳は明晰
Bビクつきやすい
C多情多感

A頭脳は明晰
この顔の特徴は、アゴが細いのと同時に、額が横に大きく張り出していることだ。これは脳の発達を示すから、基本的に心性質の顔の人は頭が良い。計算が早く、自分の行動が周囲にどのような影響を与えるかを瞬時に判断する力を持っている。

アゴが実践力を示すのとは逆に、額は思考力を示しているのだ。ただし、これは長所としても働くと同時に、短所としても働くことになる。「頭でっかち」なんて言葉があるように、考えるばかりでは人生は好転しない。この顔は考え過ぎなのだ。それによって、さまざまな問題に悩まされやすい。

Bビクつきやすい

最も深刻な問題は、周囲への影響などを考えすぎるあまり、ビクつきやすい性格を作り上げてしまうことだ。だいたい人生において、不安が現実になることはほとんどない。

僕らが高校生の頃、ノストラダムスの予言によって、毎日怯《おび》えていた。テレビでも検証の番組が毎日のように流れていたから、余計に不安は増大していった。それでも、1999年、人類は何事もなく大晦日を迎えることになった。そう、不安は現実にはならないのだ。

そういった「出ないお化け」に怯えていても、何もいいことはない。この顔の人は、まず出ないお化けをココロから追い出し、できることを少しずつやってみることから始めよう。それによって、実践力が身につき、アゴが発達して顔全体が丸みを帯びてくる。

C多情多感

また、この顔の人は多情多感だ。それゆえに恋愛に落ちることも多い。

恋愛に落ちることが多いということは、さまざまな恋愛を経験しているということで、別れも多いということを表している。別れの中で、無念さや自己否定を積み重ねていったからこそ、不安がとれず、ビクつきが取れない。それゆえに細面が維持されることになる。

良い別れ、良い出会いを繰り返していれば、すべてが糧になり、実践となり、学びとなるから、アゴは大きくなってくる。一方で無念さが残れば、学びとならないから、アゴは発達しない。だから、早めに過去の無念さを捨て、今に感謝し、自分の足で立つことを誓おう。そして今、目の前にある「やるべきこと」を大切に歩みを進めるようにしよう。それだけでアゴが大きくなる。

ココロの無念さや孤独感が取れないと、最終的にはヒステリーなどを起こしやすい。精神疾患を患いやすい顔だから注意してほしい。

一方で芸術家などにはこの顔が多い。太宰治の晩年期、芥川龍之介、三島由紀夫など、才能に恵まれながら、若くして死を選んだ人はみな、心性質の顔を持っている。

施術者としては、こういった顔を持った方のココロにどれだけ寄り添うことができるか、そして、「あなたはひとりではない」というメッセージを送ることができるか、が重要だと考えている。

◎西洋顔相学と東洋顔相学

ここまで西洋顔相学のシェルドリン法の3分類について学んできた。

ここから東洋顔相学の「十字面法」の学びを進めていくのだけれど、シェルドリン法と十字面法の決定的な違いは、シェルドリン法が「性質・体質」鑑定に重きをおいているのに対して、十字面法は「運勢」鑑定に重きをおいている点だ。だから、「体質鑑定」ではあまり十字面法は使わない。

本書は体質の鑑定を解説する本だから、この「十字面法」については説明を簡略しておこうと思う。ただし、顔相に興味のある読者の方もいるだろうから、そういった方には物足りない内容だと思う。その場合は、ぜひ当社のセミナーにお越しいただきたい。

では「十字面法」（190頁参照）を簡単に説明していこう。

1「甲字面」

この顔は、額が縦横に広く張り出している上で、顎が細い形になっている。ちょうど漢字の「甲」の字のようになっている顔の形だ。

この顔の特徴はおでこが張っている部分で、それは前頭葉の発育を示唆している。そのため知性と情感の発達は素晴らしい。学者の先生やいわゆる「ブレーン」役の参謀などの働きをしている人に多い。知力は非常に高いのだから、実践の力がついてくるとさらに良いだろう。

補佐役や影役に向いている顔相で、実践力がついてくると顎が発達し、次の目字面になるから、表に出るのはそれからだろう。少しビクつきがちで、悩みが多いのが特徴だ。シェルドリン法でいうところの「心性質」だから、さまざまな経験を通して、自信をつけるほどに運勢は高まる。失敗を許容される環境が、この人の運勢を高めることになるだろう。

2「目字面」

甲字面と同様に額が張り出し、かつ顎も発達をして、面長な顔を形成する。ただし、顎がしっかりと発達しているから、細長でもたくましい雰囲気を持っている。

この顔は理想を実現する力に溢れているのが特徴で、昔から美男美女の相とも呼ばれている。頭脳は明晰で、回転も早いのだが、そういった計算の早さを周囲に悟らせるような愚かさも持っていないから、周囲から愛されることになる。知力よし、行動力よしのタイプだから目標を達成する力は素晴らしい。

また、周囲への気配りも上手なため、クラブのママさんなどにこの顔は多い。知力、行動、気配りが素晴らしいから、イベントを企画させると非凡な才能を発揮させる。目字面の人が主催するコンパやパーティに出かければ、多くの人が満足して帰ると思う。ただし、結婚が破綻しやすい相でもあるから、その点は気をつけるようにしたい。すべての人の喜んでもらおうというココロの優しさと精力の強さがマイナス面に働けば、そういった状況を作りかねないから注意しておきたい。

3「同字面」

目字面を横に広げた相。同の字のようにどっしりとした安定感を持つ。昔から宰相の相などと呼ばれ、仕事など社会活動をする人にとっては目指すべき顔の形だろう。知力も経験値も豊富な人で、いわゆる「一を聞いて十を知る」タイプだ。とはいえ、物事を瞬時に判断するほど愚かでもなく、ゆっくりと相手の話を聴く包容力も持っている。努力するほどに成果の花が咲くタイプだから、じっくりと腰を据えて人生の開発をするようにしたい。

包容力と寛容性がこの顔の長所だから、それを活かすことがポイントになるだろう。また、この相でも勉強を怠れば「由字面」に切り替わっていく。さらに進行すれば、「風字面」に移行し、運勢は低下する。せっかくの顔の相の良さを不勉強で損なわないように、さらなる精進と努力が求められる。

4「田字面」

同字面をさらに横に広げた顔で、真四角な形をしていてドッシリとした落ち着きを持った相だ。この相も運勢の強大さを示すが、同字面との違いは「この人の話なら信じてもいいだろう」と思われる同字面と「この人のためなら死んでもいい」とさえ思わせる田字面というところにある。能力よりも魅力で人を惹きつけて離さない。

もちろん能力は高いのだが、周囲を活かすことの方が重要だということを知っているから、「能ある鷹は爪隠す」で、頭の良さそうな顔をすることはない。応援者が非常に多い相で、同時に多くの人を応援しているから周囲から愛される。そういったことから物事を進める力は十字面の中で最大。相手のことを待つ力に優れている。

菩薩が面長に描かれることが多いのに対して、仏はほとんどが田字面で描かれていることからも、この顔の寛容性の高さがわかるだろう。ココロの余裕から、遊びもうまく仕事よし、家庭よしのタイプとなる。ただし同字面同様に勉強を怠れば、「由字面」に切り替わり運勢の良さを失うことになるから注意。

5「由字面」

田字面の顎を肉付きをよくさせたタイプ。下に広がるような顔のラインを描くことになる。幼少期に苦労をした人が多く、貧困の中で人生を切り開いてきた成功者に多い顔の相である。

苦学力行タイプで、泥水をすするような経験もたくさんしているから、度量は大きい。ただし、厳しい現実を見続けてきた人で、物事の判断基準が現実的過ぎるところがある。ビジョンを描くよりも、確実な利益をとる傾向が強いから、大企業の下請けの仕事をする中小企業の経営者や地方議会の議員などにこの顔は多い。現状に満足することなく、知見を求め、新たなことを学ぶようにすれば、額が張り出し、頬の肉付きも目立たなくなり、田字面に戻り、運勢の強さが取り戻せる。

6「風字面」

由字面をさらに太らせたタイプで、両頬の皮膚が弛緩《しかん》し、のんびりとした雰囲気が出てくる。この弛緩は、ココロの緩み、すなわち慢心を表すから、この相で成功する人は少ない。一定のところまでは努力するが、「このくらいやればいいや」という気持ちが生じて、一級に上り詰める前に歩みを止めてしまうから、いつまでも本物にはなれない。

その風貌から、第一印象はお人好しだが、実は感情的な性格を持っていることで知られている。肉体的にも緊張感はなく、食欲も抑えられないから、美食病にも注意しておきたい。精神的に緊張感を持って生活をすることで、顔相は切り替わり、運勢も切り替わる。今一度、勉強に励み、新しい目標に向けて歩み出すようにしたい。

7「用字面」

風字面に似ているが、ほうれい線から顎の肉が下に落ちている。運勢も風字面に似ているのだが、この顎のだらしなさは、何かしらのショックによって起こったことが多い。つまり子供であっても両親の離婚などによってこの相になっている子もいる。

風字面との違いは、そういったショックによって非常に細心な面が形成されていることだ。それを周囲に見せることができずにいたから、何となく頭は良さそうに見えることが多い。だけど話を聞いてみると大言壮語であることも多い。本当に頭が良くなるような勉強をしていれば、顎のだらしなさは消え、甲字面へと切り替わることになる。

また気分屋であることも特徴で、ココロの上下動が大きいから、大きな成果は出せない。ココロを一定に保つことを「禅定《ぜんじょう》」というが、そのココロの平穏がなければ、成果など出るものではない。また、一度へそを曲げると、いつまでもいじけているのもこの顔の特徴だ。

8 「王字面」

王字面は目字面の兄弟のような相だと思ってもらっていいだろう。額も顎もしっかりと発達しているが、頬骨が強く張り出しているのが特徴だ。見るからに精悍な顔立ちをしており、魅力的に見える。この相はその名の通り、王様の相だ。この人の行く方向へ、皆がついていくことになる。

実力派で、能力は非常に高い。だから個人事業主などであれば、大きな成果を上げることになるだろう。脇目も振らずに目標に向けてひた走るから、頼もしく見える。決断力もあり、実行力も兼ね備えたタイプだ。

ただし、人間関係が豊富とはいえないことに注意しておきたい。多くの人が、この相の人についてくる一方で、この人はどこか孤独な雰囲気を醸し出し、孤高の存在となりがちだ。また、あまり広い世界を知らないタイプであるから、自分自身のやり方に固執するところもあることに気をつけたい。こだわりが強いタイプだから、あまり施術者の意見を取り入れないところもある。十分にコミュニケーションを取っていく必要がありそうだ。

9「申字面」

甲字面を縦に長くしたタイプ。頬骨が発達し、頭部と顎が細くなる。

このタイプは実行力は十分なのだが、先を見通す力が欠如しているのが欠点。企画力不足とも言え、目の前の状況に対応するのは上手いのだが、その先を見据えたアクションを取るのが苦手だ。

一目惚れが多い相としても知られており、そういう意味では可愛らしいとも言えるのだが、もう少し落ち着いた雰囲気を持ちたい。段階的に物事を考え、組み立てて行く必要があるだろう。こうした刹那的な思考・生き方を好んでしまうのは、多くの場合、家庭環境に原因がある。幼少期に家庭に恵まれなかったとか、離婚を経験したとか。そういった心の寂しさがこの相を形作っていく。破産者が多い相であることでも知られている。人生の挫折感がこの相を作り上げる原因だと言っても良いだろう。

だからこそ、もう一度立ち上がり、自己研鑽に励む必要がある。本を読み、多くの人に出会い、自らの弱さを知ることができれば開運は近いのではないか。

基本的に「今・ここ」に重点を置くので、長期間を見据えた治療などはあまり好まない。すぐに成果が出ることを望むから、そういったことを要求されることを知った上で、施術の内容や治療方針などを立てる必要がありそうだ。

10「円字面」

シェルドリン法の「栄養質」と似ていて、顔全体が丸みを帯びている。それだけでなく、円字面の特徴は目、鼻、耳までも丸みを帯びている点だ。一見、温厚な円満顔に見えるが、その実かなり気が短いから注意が必要だ。

この相は、「十字面」で最も運勢が弱い相だ。それは、この相の人の持つ決断力のなさが原因となる。この相はとかく人生の重要な局面において、大きな決断をせずに生きてきた。人生は決断の連続なのだが、それらの決断の多くをお茶を濁したり、延期させてきた相だから、大きな成功はほとんど得られないとされる。

また、そういった姿勢を周囲は見ているから、この人への信頼感はほとんどない。特に、最も身近でこの人を見ている家族からは、全く信頼されていないと言っても差し支えないだろう。だから、孤独なのだ。

大きな決断をしてこなかった反動が、小さな賭け事に走らせる。男性であればギャンブルが好きだったり、浮気に走ったり。女性であれば、子供に無茶な要求をしたりする。無茶な要求というのは、例えば「アイドルを目指しなさい」とか、「学年で一番になりなさい」など、子供が望んでいないことを要求するから、子供としてはプレッシャーとなる。

面白いことに、この相は大家族の中ではほとんど見られない特徴がある。ほとんどの場合、核家族の大人に見られる相だ。狭い世界の価値観の中で作り上げられるのだろう。自分の無念さは、自分で拭い去るしかない。過去の無念さを子供を使って昇華させようなどと考えないようにしたい。だから、あなたがもしこの相だったとしたら、もう一度、本気で夢を描いてみてはどうか。夢に善悪も大小もない。大切なことは、その実現に向けた実際的な努力を少しずつでいいから行うべきだろう。自分の夢は、自分にしか責任はない。子供にそれを向けることはできないから、努力を続けるしかあるまい。そうした生活によって、顔はだんだんと立体感を持っていき、円字面の特徴は薄れていく。

顧客でこの相の人が来ると、基本的に自分の症状などはほとんど誰かのせいにする。そういった言葉に惑わされることなく、真の原因を探るべく、「九星気学」や「姓名鑑定」での鑑定を活用されると良いだろう。

以上のように、東洋では顔の形を十種類に分け、運勢を語ることになる。体質というよりも運勢の鑑定のウェイトが大きいとは言え、精神性の鑑定もココロの健康には欠かせないから、覚えておくと良いだろう。

「十字面」

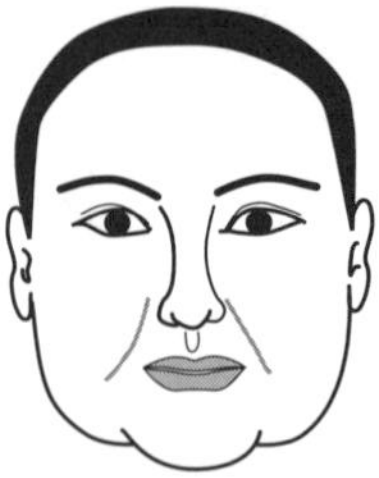

用字面

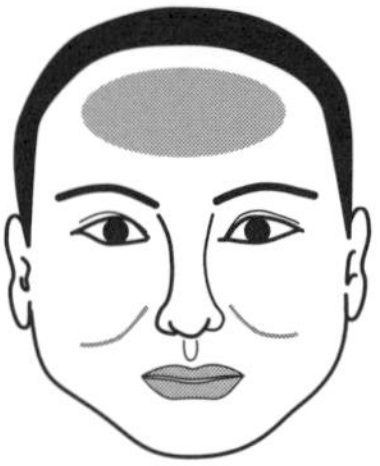

田字面

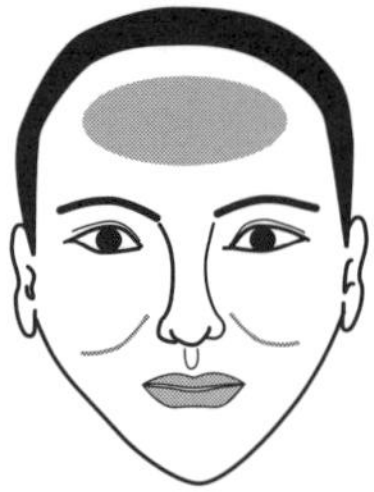

甲字面

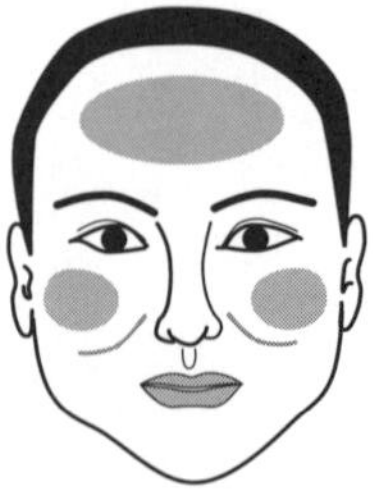

王字面

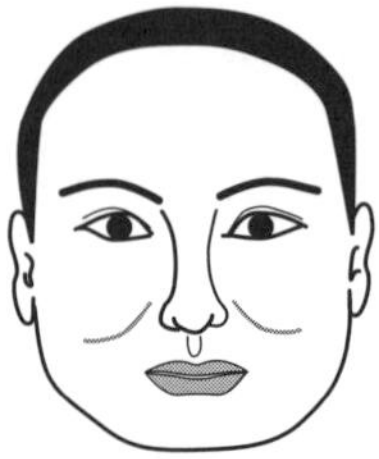

由字面

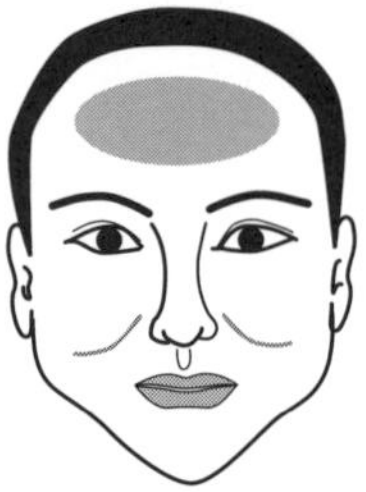

目字面

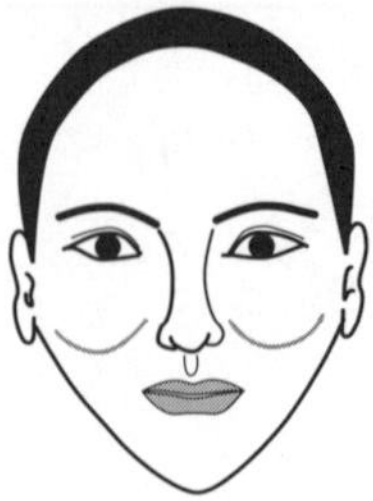

申字面

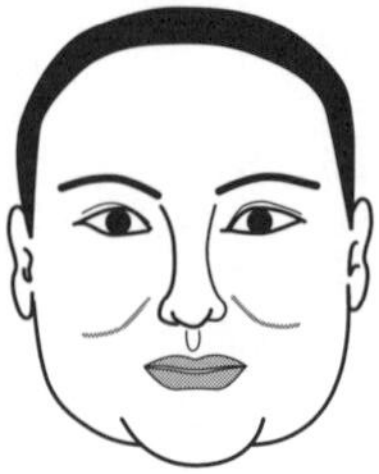

風字面

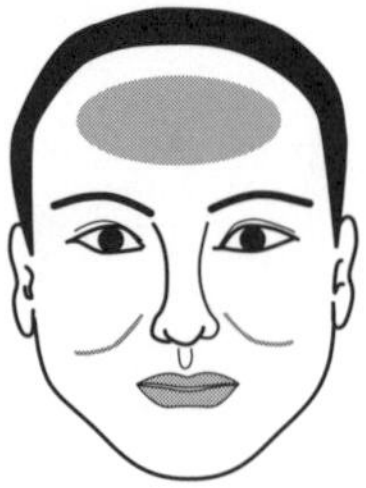

同字面

円字面

◎顔の正中線と正横線

十字面法の鑑定を終えたら、顔の「正中線」と「正横線」を観ていこう。「正中線」とは、ほとんど鼻を表すと思ってもらって差し支えない。鼻は後ほど出てくる「人形法」とも関係するが、人体では背骨を表している。だから、正中線が歪む（＝鼻が曲がる）と、背骨も曲がる。脊柱の矯正術などを使う人は、この鼻の曲がりには注目しておくとよい。背骨の動きが悪く、上手く矯正できないような場合や、炎症が強く直接脊柱へのアプローチができないような場合には、鼻の歪みを矯正するのが効果的なことも多い。

そして、身体的な背骨であると同時に精神的な背骨、人生の中心軸をも表している。だから、正中線が真っすぐであれば、精神的なストレスは少なく、精力的に生活ができるということになる。ただし、正中線の歪みをよく観察すると、まっすぐに整った人は思いの外少ない。僕自身の感覚だと2、3割と言ったところだろうか。これは本当に深刻な問題だと思う。日本人の数割しか、自身の思ったような人生を歩んでおらず、どこか外的に何かを押し付けられて生活しているのだと推測される。

鼻は、間違った考えを押し付けられたり、納得のいかないことをやらされたときにも歪む。子供を持つ親であれば、子供を叱ることもあるだろうけれど、叱った数時間後から数日は子供の鼻に注目してもらいたい。歪みが出たとしたら、叱ったあなたの方に問題がある。親の身勝手な考えで、子供の可能性を潰していることもあるのだ。

これは、塾や学校、習い事の選定などにも活用できる。子供は親に喜んでほしいから、本音を言えないことも多い。だからこそ、顔に描かれるSOSを親御さんに見抜く知恵をつけてほしいと思うのだ。

子供にしろ、大人にしろ、自分の可能性や才能といったものを発揮しているときは、想像を越えるエネルギーが湧いてくるものだ。僕自身、こうして文章を書くのは割と好きだから、何時間でも書いていられる。整体の予約のない日には、1日中喫茶店にこもっていることも少なくない。人間の精力なんていうのは、いわゆるカロリーだとか労働時間量だとか、そういったことで測れるものばかりではないと思う。そういった予想を越えた力を発揮させるのが、鼻の美しさである。

やはり良い顔は思いもよらないほどの成果を生み出す原動力となるのだ。だからこそ、顔相のパーツで最も重視されるのが、鼻、即ち正中線なのである。

一方、正横線は顔を横に貫く線で、これは「額」「眉」「目」「鼻」「口」とある。これらは人間関係を観ていく際に使うが、説明は別の機会に譲ろうと思う。

◎顔の後天定位

次に顔に後天定位を置いてみよう。

これは「頭部全息図」という図だ。鼻先を中央として、八方位に後天八卦が配置されている。現代的に、「九星気学」の言葉で置き換えてみると次の図のようになる。

「九星気学」で最も大切なのが「五黄土星」で、それが鼻に配置されていることからも、鼻の重要性がよくわかる。鼻はまっすぐであると同時に、鼻先に光があることが大切だ。

「五黄土星」に「暗闇」という意味があるから、この部分はくすみやすい。暗闇は腐敗を進める。発酵食品は冷暗所で作られることからも、理解していただけることと思う。だから、ここに光がなければ、人生の背骨が、そしてカラダの中央が腐敗することになる。

鼻先をキレイにしておくことが健康を保つ上で欠かせないのだけれど、詳細は後述の相貌十二宮の項で説明しよう。

ここでは、健康を担当する「四緑木星」の働きに注目してみたい。

「四緑木星」には「整う」の意味があることはすでに述べたが、顔相上、「四緑木星」が担当するのは左目、左眉のゾーンだ。病気になったら、まずはこの部分に注目してみたい。回復のフェーズに入ると、この部分が明るくなってくる。また左眉の眉尻が少し上がるから、よく観ておきたい。僕自身も整体の施術が終わったあとは、この部分をしっかりと観るようにしている。施術が上手くいっていれば、ここに明るさが戻り、下がっていた眉尻が上がるからである。

また、左口角にも気をつけて観察してほしい。ここは「八白土星」の場所であり、「八白土星」は「切替」を担当している。ここが下に下がっているときは、何か変化が必要なときだ。施術前にここを観て、強く下がっているときは、それまでの施術を大胆に切り替える必要がある。

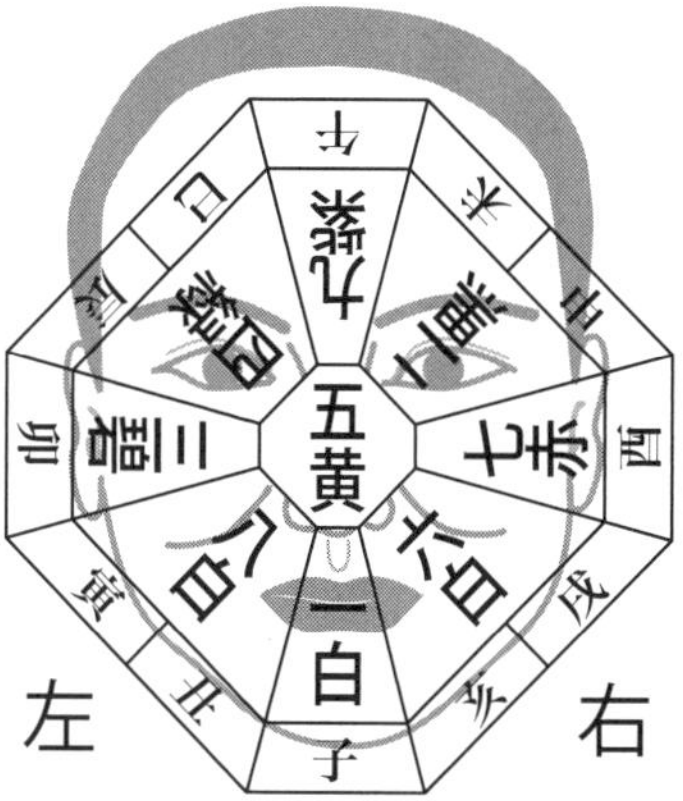

それまで骨格の矯正を中心に施術を進めてきた場合、足ツボに切り替えたり、場合によっては、懇意にしている信頼できる鍼灸師さんを紹介したりする。いずれにせよ、何かしら変化の必要性を顧客自身が

無意識下で掴んでいるのだから、それを尊重する必要があると考えている。

また、この部分が下がっているようであれば、転職のチャンスと捉えてもいいかも知れない。今の生活に納得していないときは、この部分に注目してみることである。

また、各部の上下だけでなく、後天定位のそれぞれの星の位置に、傷・ほくろ・痣《あざ》・シミなどが入っていないかもチェックしておこう。

口の下の周りに吹き出物が多いときは、「一白水星」、すなわち腎臓だとか生殖器の問題が考えられる。特に女性で子宝を望む場合は、口周辺のケアは怠らないように。額は「九紫火星」が担当しているから、ここに吹き出物が出ているときは、心臓への負担が考えられる。顔が赤らんで、汗をよくかくようなら、余計にその傾向は強いから注意すべきだ。

肺に問題がある場合は、顔の右側に注目しておこう。特に色が白すぎる場合は、肺はかなり弱っている。このように、後天定位を基に顔を毎日観察していくと、かなり自分の体調が観えてくるから面白い。運勢上の注意点はここでは語らないけれど、後天定位の意味合いを捉えるとだいたい予測がつくはずだ。ぜひ、ご自身で自分の顔を観ながら、数日間でどんなことが起こるかを観察してみるのも面白いだろう。

◎顔の三分法（顔の天地人）

ここまでで、随分と顔相の面白みを感じていただくことができたと思う。

次に観ていきたいのが、顔の中の「天地人」だ。顔を3段階に分けて鑑定する鑑定法で、運勢の切り替わり（これを流年と呼んだりする）を観ていく鑑定法だ。ざっくりと3つに分けるので、後天定位の九方位よりも覚えやすく使いやすい。まずは、どのように顔を3つに分けるのかをお伝えしよう。

①額から眉を「上亭」と呼ぶ

額のラインから眉のラインまでの範囲（205頁参照）を「上亭《じょうてい》」と呼ぶ。ここはまた「天」とも呼ばれ、初年運（＝幼少期の運勢）、知性などを鑑定する。前頭葉の中心部分に当たるから、ここが「縦方向」に伸びている人は頭が良い。

昔から「デコにバカなし」などと言われるけれど、額が前面に大きく張り出している人は、幼少期、親から良い教育を受けたのだと思う。脳は3歳くらいまでに基本構造がほぼ完成し、6歳までには大人の脳の9割まで成長すると言われている。そして、小学校を卒業する12歳までにほぼ完成することになる。だから、上亭部は12歳くらいまでに完成してしまう。

本書の読者で12歳未満の人はほとんどいないだろう。残念ながら救いようのない話になってしまうけれども、それをどう切り替えて行くかにフォーカスしてもらいたい。

僕は、この上亭部に大きな傷跡があった。幼少期に転んで大怪我をしたのだが、それを縫ったあとの傷跡が、当時の手術の技術では目立つ形で残ってしまった。その影響からか、僕はずっと親との縁が薄かった。

僕が生まれてすぐに母は弟を身ごもったから、僕は叔母と祖母に育てられた。叔母のことは大好きだったけれど、どこかでいつも母の姿を探していた気がする。大人になっても、その無念さは消えることが無かった。母の言うことにことあるごとに反発し、大学も中退した。整体師なんていう不安定な職業につき、食えずにお金の無心をしたことも数え切れないほどある。それでも母は僕を見捨てることがなかった。

母との関係性は決して悪くはなかったけれど、本当に子供として素直に向き合えるようになったのは、福岡に移住してからだったと思う。それまで顔相を学び、自分の額の傷のことを知りつつも、見ないようにしていたのだが、形成外科の先生に相談し、傷をキレイに修復してもらった。それ以来、母との関係はより密接になり、今では年に数回福岡に来てもらって、一緒に旅行などに出かけたりしている。

母はもう70歳だから、あまりにも遅い親孝行だと思うけれど、これからも寂しい想いをした幼少期の自分自身を癒やすように、できるだけ孝行したいと思っている。そんなことを伝えると、「元気で生きてくれているだけで十分」などと言ってくれる母に、僕はもうまったく頭が上がらないのだ。

とにかく、上亭部は初年運と天、すなわち親との関係性、また知性を表す。ほとんどは幼年期に確定してしまう相ではあるけれど、大人になっても努力次第でこの部分の相はよくなってくる。また、体調とも強い関係性を見せる部分で、釈迦の主治医でもあった耆婆《ぎば》（シーヴァカ）は、この上亭部の輝きを観察して体調を観ていたらしい。耆婆は釈迦だけでなく、阿那律《あなりつ》（アヌルッダ）の失明や阿難《あなん》（アーナンダ）の瘡《かさ》を治療した名医だ。その名医が注目した上亭部を、読者も光り輝くようにケアを怠らないようにしてほしい。

また、上亭部は親との関係性を表すから、ご自身のお子さんには、ここに傷などができないように極力注意してほしい。それはそのまま、親であるあなたとの関係性でトラブルが生じる可能性を示唆しているからだ。僕の息子にも上亭部に傷がある。小さなものではあるけれど、今後、彼がどのような人生を歩むのか、気になるところだ。一緒にいられる今、できるだけの愛情を注ぎたいと思うのだけど、それがどのくらいできるのか自信がないのが本音だ。

②眉から鼻先までを「中亭」と呼ぶ

眉から鼻先までの部分を顔相上、「中亭《ちゅうてい》」と呼ぶ。

顔の中部に位置する眉、目、鼻は感覚器として最も重要な部位であることからも、後天的に獲得される部分であることがわかる。顔の印象を決定づける最も重要な部分であり、40歳くらいまでに確定される。

アメリカの第16代大統領であるリンカーンは、「男は40歳になったら自分の顔に責任をもたなければならない」と語ったけれど、たしかに40歳までに顔相の重要な部位はほぼ完成されるから、自分の顔に責任を持つということは、自分の人生に責任を持つということだ。この部分は中年運を示し、人そのもの、もっと言えば、ココロに秘める志を表すと言ってもいい。

進化生物学のアンドリュー・パーカーは、「有眼生物の登場により、生物の淘汰スピードが飛躍的に上がり、それにより生物が多様化した」と指摘する。これを「カンブリア大爆発」と呼ぶけれど、要するに、眼を生まれ持った生物が、眼をもたない生物をどんどんと捕食していったため、絶滅の危機に瀕した生物は進化を遂げ、例えば甲羅で身を包んだり、擬態するようになったりとさまざまな変化を遂げて生物は多様化した、という説だ。

このように、眼というのは生物にとって非常に重要な部位となる。見るという行為は生命の生死に直結するのだ。だからこそ、顔相でもこの中亭部、特に眼の輝きを重視する。

仏教の悟りに至るまでの道のり「八正道《はっしょうどう》」でも第一に「正見《しょうけん》」をあげている。物事をきちんと捉えるには、眼の働きが欠かせない。だから、この中亭部が整うことは、状況をきちんと見て判断する力が備わっていることを意味する。

中亭部の整いとは、眉が濃く、長く生えていること。眼が上下左右に開いていること。鼻がまっすぐに伸び、一定の大きさを持つこと。これらの条件を指している。

そういう意味で、目にコンプレックスを持っている人が瞼の切開手術を受け、ココロに明るさを持つということは顔相上でも吉の作用が強い。ただし、大きければいいというものではないことに注意しておいてほしい。バランスが重要なのは言うまでもないし、涙袋を作る手術は賛成できない。目の下は女性の生殖能力に関わると顔相では言われているから、安易にメスを入れるべきではないということも忠告しておきたい。

また、中亭部に傷やシミがある場合は、人生上のどこかで大きな挫折を経験している場合が多い。主に中年期以降に見られるけれど、恋愛を諦めて、望まない結婚をしたとか、夢を諦めて仕方なく就職したとか、そういったある種の諦めが中亭部に傷やシミを作る。だけど、大切なことは過去を変えようとかではなく、それを受け入れてどう生きるかだと思う。過去が未来を決めるのではなく、未来が今と過去を決めるのだ。つまり、今現在まで過去の無念さを引きずり、自分自身の可能性の芽を摘み取っているかもしれないことに気づくべきだろう。

傷を修復したり、シミを取ったりすれば、未来への思考が切り替わり、前向きに生きられる可能性がある。現代医療であれば、多くのシミは大きな負担なく取れるから、一度皮膚科に相談してみる価値はある。ホクロが多い場合も同様で、最近では保険診療の中で取れる場合も多いと聞く。

古い概念を持つ人は、「ホクロやシミをわざわざ取るなんて」なんて言う人も多いけれど、自分が自分の人生をより輝かせようとするのに遠慮などいらない。きちんとした医師の指導のもとで、これらの顔相上の問題をクリアしていくのは大賛成だ。また、最近では眼瞼下垂の手術も盛んになってきた。中年期以降であれば、検討するのはオススメである。ただし、後天的な要因で、まだ若年期にある人は、これからの人生の歩み方で目や瞼はどんどん変わっていくから、まずは生き方を切り替えることから始めるべきだと思う。

中亭部には鼻も含まれるが、前述したように、鼻もまっすぐと伸び、キレイであることが大切だ。特に鼻先や小鼻がくすめば、内臓機能の低下が疑われるから注意が必要。健康診断を受けるだけでなく、日々の養生法も信頼できる医師や漢方医などに問い合わせるのがいいだろう。

③鼻下から顎の先端を「下亭」と呼ぶ

鼻下から顎の先端までの部分を、顔相上「下亭《かてい》」と呼ぶ。

下亭で重要な部分は、口の発達と顎の発育だ。要するに、咀嚼《そしゃく》を司っている部分で、ここが発達すると物事の理解、意志の表現、行動の適切さが素晴らしくなる。顔全体の発育の最後に当たるから、晩年運や自分の目下との関係性を表す。また、住居運や飲食運、すなわち「衣・食・住」の人間にとって重要な要素の有様を示すことになる。

下亭の発達は顎が横にしっかりとした広さを持っていることと、口の下の長さが十分であることが大切だ。鼻の下が長い人を「あいつは鼻の下を伸ばしている」なんていうけれど、これは悪いことではなく、素直な人間性を表している。

口下から顎先の長さが短い人は、晩年運は弱く、安定した家庭生活は送れない。こういったことから、「しっかりと噛んで食べる」ということの重要性がよく理解できる。

顎の左右が細い人は、シェルドリン法では「心性質」、十字面法では「甲字面」「申字面」にあたり、運勢は弱い。親知らずを抜けば運勢は落ち込むことになるから、やはり口腔のケアも大切にしておきたいものだ。

最近では上下36本の歯がそもそもない子供が増えていると聞く。日本全体が運勢が低下していることを暗示しているから、やはり少し心配だ。もちろん、歯科医が必要だと考える場合は親知らずは抜くべきだと思う。その際は、顎が痩せないように、より噛み締めて食事をするなどして、顎の発達を心がけたい。

また、口自体も下亭部を構成する大切な要素だ。唇については詳細はここでは述べないけれど、基本的には薄いよりも厚い方が良い。ただし、血色の良さが最も重要で、不自然に赤いときは心臓の弱さが予見されるから注意しておこう。

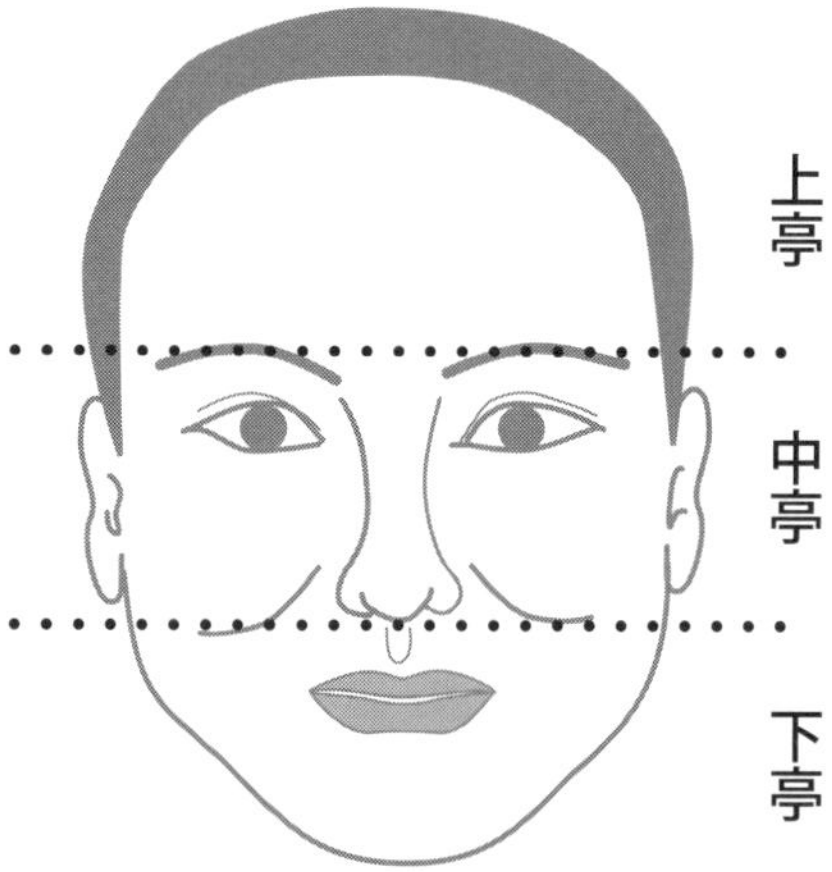

顔の三分法

◎顔相と四神思想

本章の最初に、風水について少し言及した。そこで四神思想を紹介したのだが、覚えてもらえているだろうか。

四神思想というのは東に「青龍」、南に「朱雀」、西に「白虎」、北に「玄武」という四方位を守る神様のことを指した。顔にもこの四方位が存在する。

そして、その四神をまとめ上げるのが鼻の働きであると考える。つまり鼻は四神に抜きん出る高貴の象徴と捉え、人格、見識、自我、健康の象徴と顔相では考えられている。先ほどから、鼻については何度も説明しているが、それほど顔相における鼻の持つ意味合いは大きいのだ。

鼻はやはり大きいのが望ましい。だけど、年齢を重ねるほどに大きくなっていくのが一般的だから、若いうちからあまり心配することはない。それよりも前から見ても横から見てもまっすぐであることが大切となる。鷲鼻やかぎ鼻など、よく観るとさまざまな鼻の形があり、それぞれに運勢上の意味があるが、ここでは割愛する。ただし、前から見ても横から見てもまっすぐで、大きさのしっかりした鼻を「龍鼻《りゅうび》」と呼び、最高の鼻相とすることだけお伝えしておこう。

その他の四神で気をつけたいことを述べておこう。

東・青龍

顔の青龍部分に傷が付いたり、シミやホクロが目立てば、発展的な考え方が難しくなる。人生に前向きさが失われるから、否定的な考え方が思考を占めるようになるだろう。

また、青龍は青少年育成を担当するから、子育て上でトラブルが出たりするから気をつけておきたい。塾や学校の教師を観る際は、特にこの部分をしっかりと鑑定するようにしたい。シミやアザなどがあれば、諦めの雰囲気が漂うから、ダイエットなどは難しくなることも知っておこう。

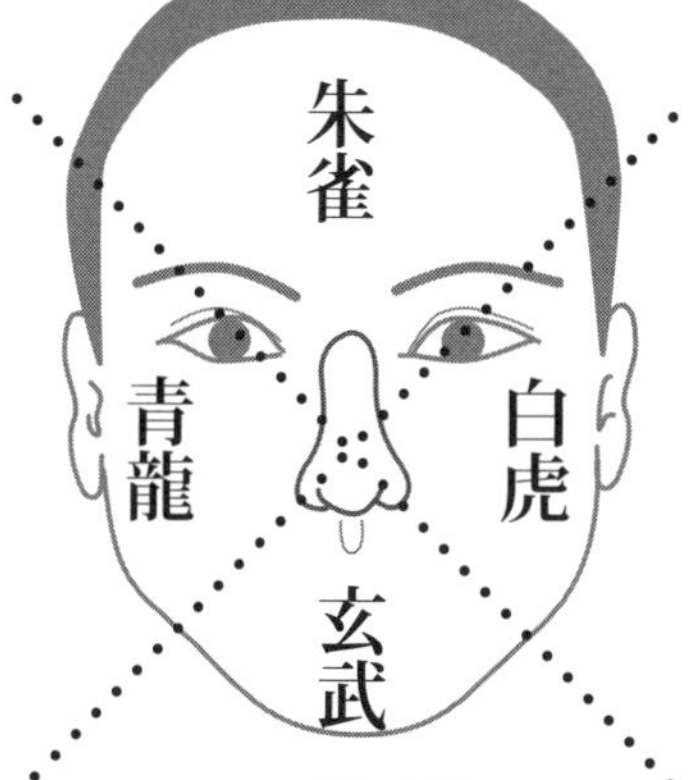

四神思想

南・朱雀

「朱雀」は知恵を担当する。つまり人生が困難に陥ったときに状況を打破する問題解決能力を表している。ここに傷やホクロ、シミなどがあれば、障害を越えていく力が湧いてこない。人生において、問題が出ないことなどないのだから、それに対してどのような姿勢を持つかが大切だ。不満を持つだけでは人生は向上しないのだが、ここが整わなければ問題を処理できず不満の人生となる。反面、前向きさが出てくれば、額に明るさが生じる。

西・白虎

白虎は趣味や恋愛などの嗜好性を司っている。だから、恋愛運を上げたい場合は、この部分をキレイにすることだ。シミや傷は、失恋などのショックを引きずっていることを予測させる。

白虎というように、白いことが大切だ。色白という意味でなく、血色が良く、輝いて白く観えることがポイントになる。また、「虎は千里を駆け獲物を取り、千里を駆け巣に戻る」ことからお金の稼ぎ方と使い方も表している。経済的に困窮が予想されるときは、この部分が黒っぽくなってくるから、よく観察しておくようにしたい。

北・玄武

玄武は背骨を支える力を表している。人間の一番のココロの支えはやはり家族だ。どれだけ才能に溢れていても、帰るべきホームのない人はいずれ人生に困窮することになる。

「九星気学」では、北の「一白水星」を家庭運とするが、やはり四神思想上も北であり下である口周りは家庭運を表している。同時に健康運を表しているから、この部分の大きさはしっかりとあることが望ましい。顎の大きさは健康に直結していると心したいものだ。

精神、肉体ともに生きるエネルギーは玄武が担当しているから、顎周りに吹き出物などが出ないように、十分にケアしておくことが重要だ。男性の場合は、カミソリ負けなどを起こし、傷が残ってしまうと、精神的・経済的に困窮が予見される。自分にあったカミソリを使うことと、肌をしっかりとケアすることを心がけてほしい。ただし、ヒゲは凶の意味を持たないから安心してほしい。口の上のヒゲは味覚に対する感性の高さを、口の下のヒゲはファッションに対する運勢の強さを表している。

そういった職業についている人ならば、きちんと手入れしておけば、思いもよらない幸福が訪れる可能性があることも付記しておきたい。

◎人形法

ここまで、顔の全体についての理解を進めてきたけれど、ここからは各論に入っていくことになる。

体質を見抜くのに非常に便利なのが、「人形法」という考え方だ。鼻を背骨とすることは既に述べたが、人形法ではさらに四肢を加え、鑑定することになる。それを表したのが212頁の図だ。人形法は男性と女性で鑑定法が異なる。男性は額に顔を置き、女性は口に顔を置くことになる点に注意しておきたい。

人形法・男性の場合

呼吸器が悪ければ、鼻根や目の間が黒ずみ、吹き出物が出やすい。鼻翼や鼻頭が黒ずめば、生殖器の問題が疑われそうだ。鼻梁の黒ずみは内臓の機能低下を表している。同時に何となく潤いがなくなり、乾燥しがちになる。

頭脳的な活動や思考力は額中央に表れることになる。眉間に縦じわが多ければ、思考力があるけれど、同時に不安感も多く、気難しい性格となる。眉間に肉付きがなく、凹むようであれば、かなり消極的な思考の方向性を持っている。眉間から目の間の肉付きが良ければ呼吸器は強い。一方、ここに傷や黒ずみ、凹みがあれば、呼吸器はかなり疲れている。メガネをかける人は、凹みができやすいから注意したい。

膝や足の問題は、ほうれい線上に表れる。肩こりや腕の怪我などは眉上の経絡を刺激するのが有効だ。腰の歪みは鼻先に表れる。股関節に問題がある場合は、鼻翼横の鼻通、迎香のツボがかなり有効になるから試してみることをオススメする。

人形法・女性の場合

呼吸器は鼻頭にあたり、ツヤがなければ呼吸器に問題がありそうだ。肺活量なども鼻頭が表している。外気の取り込み方は、健康に重大な意味をもたらすから、小鼻がしっかりとはり、鼻頭が美しいことは重要。また、乳房の問題もこの部分に出るから、授乳期の赤ちゃんがいる女性は、母乳マッサージとともに、小鼻のマッサージも行うといいだろう。

鼻から口にかけては頭脳的な活動を示す。人中（鼻から口にかけて表れるミゾ）が薄ければ控えめな思考を持ち、協調性が高い。深ければ積極的で前向きな思考の持ち主と言えるだろう。

　生殖器や痔疾は眉間で鑑定することになる。この部分にシミや傷があれば、女性器の機能に問題があるかも知れない。肉付きが良ければ、十分な発達が見込めるから大切だ。

　腕部の問題は、ほうれい線上に表れる。脚部の問題は、眉部に表れるから、眉を整えるときは十分に注意を。傷をつけたりしないように。また、あまりに短くカットすれば、膝などに痛みが生じやすい。細すぎるのも問題を生じやすいから、バランスをしっかりと考えて手入れをしたい。体幹の歪みは、男性同様に鼻梁となる。骨格を矯正する前に、鼻の歪みを観ておくことがポイントだ。

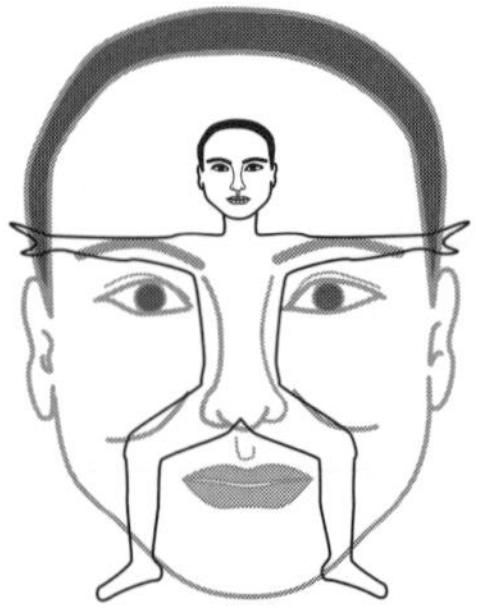
人形法・男性

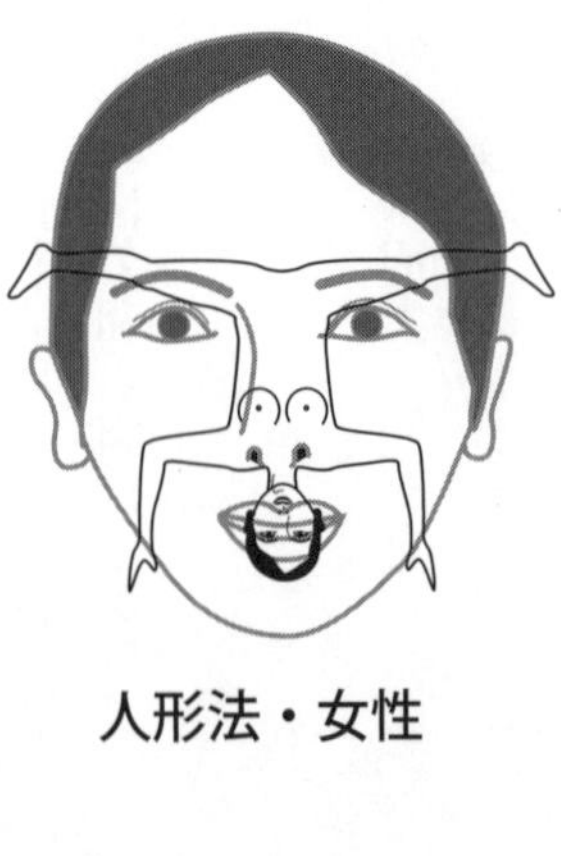
人形法・女性

◎相貌十二宮

顔相における体質鑑定の最後に紹介するのが「相貌十二宮《そうぼうじゅうにきゅう》」だ。ただし、前述したように東洋顔相学は運勢鑑定に重きを置いている。この相貌十二宮も経済運や家庭運などを鑑定するために用いることがほとんどだから、病質や体質に関係するところのみピックアップすることとする。すべてを紙面で紹介することは、頁数の関係もあり、どうかご了承願いたい。では、218頁の図を参照ながら、数字の順番に観ていこう。

①相貌宮《そうぼうきゅう》

顔相の総体を指す。十字面法だとか、人形法だとかによって鑑定された結果の総体を表すから、具体的にどことというものではない。

②官禄宮《かんろくきゅう》

身分・地位・名誉・職業運などを表す。また、出会いと別れを鑑定する部分でもある。

良い医師や治療者に出会えたときは、この部分が輝くから、病院にかかるときなどは注目しておきたい。

③命宮《めいきゅう》

その名の通り、生命力を表すところである。この周りに傷などがあれば、命の危険を脅かすような怪我や病気をしたことがあるはずだ。それを乗り越えて、今があるということをぜひ確認しておいてほしい。ただし子供の場合は、今後そういったことが起こる可能性があるから、注意して見守るようにしたい。

④福徳宮《ふくとくきゅう》

両眉の上に位置するこの宮は経済運と精神的な傾向を表している。眉の真ん中から内側を「内福堂」とし、現在の経済状況を表わし、外側を「外福堂」と呼び、将来的な経済運を表す。ビジネスパーソンでこの部分が大きく膨らんでいる人を見かけるが、そういう人はかなりのチャンスをもうすぐ手にすることを示す。今がまさに頑張りどころだろう。

⑤遷移宮《せんいきゅう》
額の両際の髪の生え際からこめかみの部分を「遷移宮」と呼ぶ。その名の通り、移転、異動、輸送、物流などを示す。この部分にシミや傷、ホクロがあれば、車の運転などでトラブルが生じやすいから注意が必要だ。

また、生活の中では、ときとしてこの部分に赤身が出たり吹き出物が出たりする。その際は、交通事故のリスクが高まるから、ハンドルを他の人に譲るほうがいい。

⑥田宅宮《でんたくきゅう》
目と眉の間をいう。その名の通り、不動産を示している。また、人気運やマスコミ運などをも示しているから面白い部分である。

⑦兄弟宮《きょうだいきゅう》
眉全体が「兄弟宮」となる。兄弟のみならず、親族全般を鑑定するのに用いる。ただし、体質鑑定上、重要なことは、この宮が事故と火災を暗示することだ。眉の中に赤い点やシミが生じれば、事故の可能性が高まるからよく注意しておこう。

⑧妻妾宮《さいしょうきゅう》

目尻と耳の間を指す。男性は左が妻、右が浮気。女性は左が夫、右が浮気となる。この部分にほくろやシミがあれば、浮気はもとより冒険を好むから注意。うまい話に乗らないように気をつけたい。

⑨男女宮《だんじょきゅう》

目の下を指す。この部分にホクロがあれば、男女関係は複雑で悩みは深い。また、男女宮に血色がなく、肉付きが悪ければ子供運に恵まれにくい。子宝だけでなく、子育て上もトラブルが起こりやすいとされる。こういった理由から、涙袋を作る整形手術にはあまり賛成できないのだ。

⑩疾厄宮《しつやくきゅう》

鼻頭を「疾厄宮」という。男性は特に泌尿器系、女性は呼吸器系を担当するから、鼻頭が美しいことが健康には欠かせない。くすみや黒ずみがないことが重要だ。

肉付きが良すぎて丸っぽい鼻（＝団子鼻）で、鼻頭の毛穴が汚れたり吹き出物が出る場合には、かなり健康が悪化しているが、この鼻の場合は、自身の健康に自信を持っているから、過信する傾向がある。それによって一気に病状が悪化することもあるから、健康診断を欠かさないことと、周囲が必要以上にこの人の健康を気遣うことが欠かせない。

⑪ **財帛宮《ざいはくきゅう》**

また、鼻全体を「財帛宮」と呼び、主に経済運を鑑定する。鼻は健康運とともに経済運を示す重要な部分だから、キレイにしておくようにしたい。また、汚れや傷、ホクロだけでなく、形も重要な宮だけど、それについては、また何かの機会にお伝えできればと思う。

⑫ **奴僕宮《どぼくきゅう》**

唇の両端の周辺を指す。昨今は丁稚奉公などの風習もほとんどなくなってきたから、鑑定上あまり重視しない。上下関係や社会運といったものを鑑定するが、最近では職場での上下関係が曖昧になってきているから必要ないかも知れない。むしろ恋愛関係、夫婦関係でこの宮を観るべきで、ここにシミやホクロがあったり、吹き出物が出ると、ＤＶなどが疑われる。暴力を振るわれていなくても、さまざまな無理強いをさせられていたりすると、この宮が暗さをもったりする。

子供でも親に厳しく叱られ続けていたりすると、口角がひび割れたりする。また、親をかばおうと嘘をついている子供は、唇の両端の長さが左右で異なる。子供の嘘を見抜くときは、口角の動きを観ておくとよい。

以上で、顔相による体質の鑑定を終えようと思う。

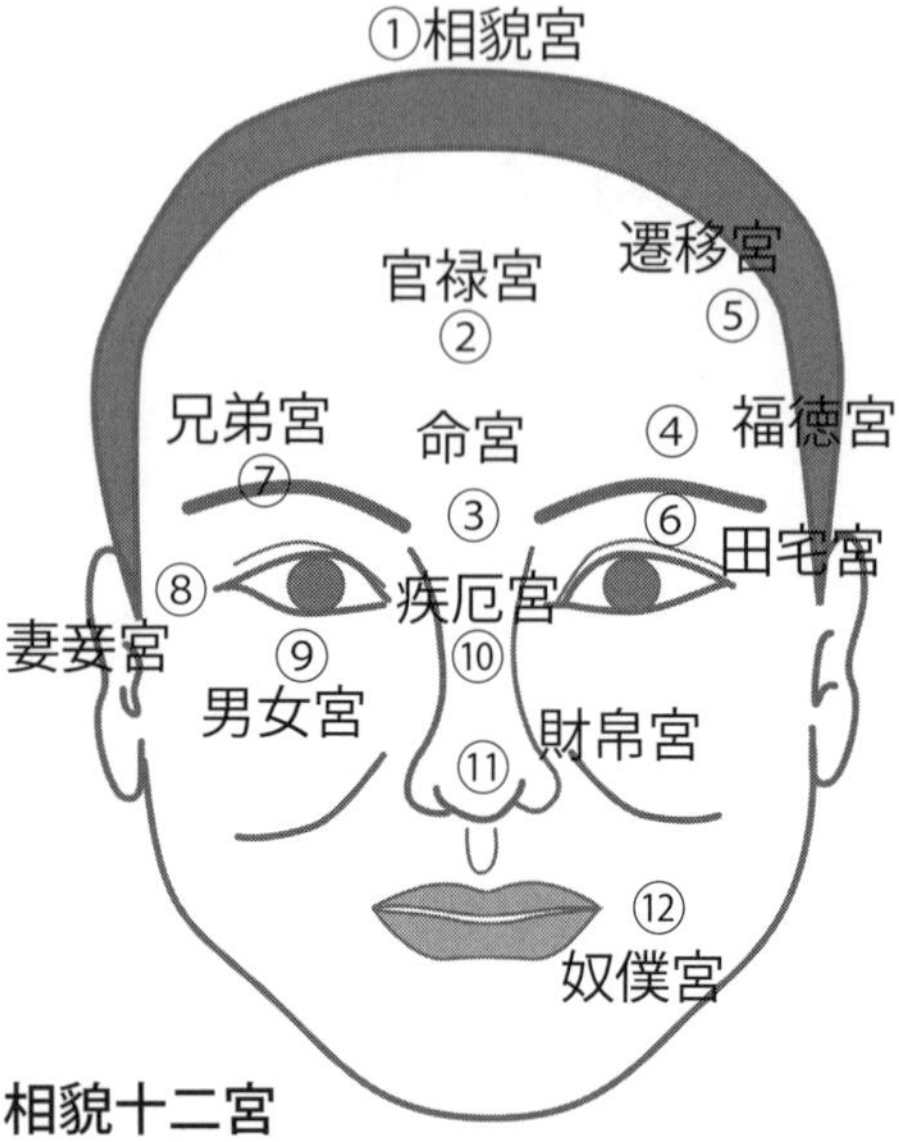

相貌十二宮

随分と長くなってしまったけど、顔相というのは、宿命的なものよりも、後天的な生き方に重点を置いているのが素晴らしいところだと思う。この顔相を日本で大成させたのが、江戸時代の水野南北《みずのなんぼく》という人だ。そして彼が至った結論は、「食事が人間の人生を決める」ということだった。『相法極意修身録』や『南北相法』という本に、人相学を含めた彼の哲学が記載されているから、興味のある人は手に取られてみるとよい。

おわりに

ここまで「東洋思想」の智慧を用いながら、「体質の鑑定法」を述べてきた。とてもすべてを網羅しているとは言い難いけれど、「ココロとカラダ」というものを観ていく際に、読者の皆様にとって、新しい観点の一つとして楽しんでいただけたなら幸いだ。

本書では「姓名鑑定」に多くの項を費やしたが、それは僕自身がもっとも重視しているためだ。生命というものの不思議に向き合うときに、欠かせない鑑定術だと思っている。

本文中でも指摘はしたけれど、最近の子供の名前の乱れが心配で仕方ない。僕自身、毎年何十人もの鑑定のご依頼を受け、赤ちゃんの命名をしているけれど、そのたびに生命の重さを感じつつ真剣に名前を付けているから、余計にそう感じるのかも知れない。

どの名前が良いとかということはさておき、漢字というものの意味合いというものに、もう少し真摯に向き合って欲しいのだ。インターネットなどを見ていると、とんでもない漢字についての記事が載っていたりしてびっくりする。

先日は「眞という字は名前に使ってはいけない」なんて記事があることを生徒さんから

指摘され、確認したのだが、安心して欲しい。「眞」という字は五大真理が整っていれば、使ってもらって結構だ。

その記事によると「眞」という字は、「死んだ人を埋葬するという字だから使えない」ということだった。確かにそのとおりで、上の「匕」は人が切腹するという字で、下の「県」は首をひっくり返した字だから、埋葬するという意味がある。だから、五大真理が整っていなければ使えない。だけど、この「眞」という字には、人の死というものは永遠であり真理であるという意味もある。この部分を忘れてはいけない。だから、真里さんというお名前に五大真理が整っていれば、「里を永遠のものにする」という意味が生まれて、素晴らしく親孝行の女性になることが予測される。

こういった例は枚挙にいとまがない。他にも、もっともらしいことを書いてある記事が散見され、これを見た親御さんがどのような気持ちになるかも想像に難くない。「姓名鑑定」の上澄み液をすくったような浅薄な知識で誰かを傷つけているかもしれないという想像力ははたしてないのだろうか。

インターネットにより、確かに人々の知識量は大幅に向上しただろう。その一方で、本当の学びの感動は忘れ去られていないだろうか。検索ボックスにキーワードを入力して、すぐに回答が得られる。そんな物事の解決方法ばかりでは、いつまでも本物の智慧にはたどり着けまい。

先日、ラジオ番組に出演した際、共演者の方々と農業の話で盛り上がった。その方は農家の方々とも交流が深く、実際の農家の人たちのさまざまな想いや言葉を教えてくださった。その中でも深くココロに染み入ったのが、「農業の難しさは、その年の努力の正否の回答を自然が教えてくれるのは、年に1回しかない」という言葉だった。

どれだけ努力しても、収穫は年に1回。だから、その農家の方は「農業を20年やっても、成果を20回しか出せないから、どこまでも未熟なんだ」と笑っていたそうだ。本物の人というのは、こういった人なのだと思う。

種を蒔いてから、芽を出すまで待つしかない。芽を出してからも雑草などを取り除きつつ、ひたすら待つ。収穫したら、「今回は何がいけなかった。だから次はこうしよう」といって次の春までまた待つ。こうした「待つ」ことの連続の中で、僕らの食卓に上がる米やいろいろなお野菜が出来上がる。人生には「待つ」という姿勢が不可欠なのだ。

「効率的」「画期的」「スピード感」。ビジネスの世界では、こういった言葉が僕らを焦らせ、不安にさせる。だからこそ、すぐに手に入るもの、目に見えるマネー、そういったものにばかり価値をおく人間性が作り上げられていく。だけど、そうじゃないものだって多いはずだ。

現代は「待つ」ということを教える場所が非常に少なくなった。学校教育の場でも、待つことをどれほど教えられているだろうか。試験の点数を取ることにやっきになることなく、学問の基本姿勢であったり、未知のことを学ぶ喜びであったりを教えられる先生はどのくらいいるだろう。

本書では、「ココロとカラダ」にフォーカスして、その鑑定方法をお伝えしてきた。だけど、最も伝えたかったのは、そういったテクニックではなく、「生きる」ということだ。僕自身、解答をもっているわけではない。まだまだ手探りで探している最中だ。眼の前のお客様の身体を、体質を鑑定しながら施術する、この過程のなかで「いのち」というものにもっともっと近づいてみたい。そのためには、莫大な時間と労力がかかることだろう。それでも、歩みを止めることはない。鑑定のもっと奥へ。時間はかかってもいいから、少しずつ足を踏み込ませていこうと思う。

鑑定は、テクニックで終わってはならない。本書を用いれば、さまざまな鑑定をできるようになると思うけれど、大切なのはその先にある真理だ。ぜひ、テクニックを習得するだけで終わることなく、深遠なる「東洋思想の世界」にさらに踏み込んで学びを深めていただきたいと願う。

そして「ココロとカラダ」を知ることができたのであれば、さらに「生きる」ということについて考えて見て欲しい。そして、繰り返しになるが、本書の究極の目的は、読者の皆様が自身への理解を深めた上で、より力強く前を向いて生きていただくことだ。一人ひとりの力強い息吹が、家庭を、組織を、そして国を輝かせることになると信じている。時間はかかるけれど、現代のこの閉塞感を打破していくには、それしかないと思っている。

さて、本書を上梓するにあたり、カバーをデザインしてくれた妻と当社の山本和世さん、図表の作成に尽力してくれた木村依里子さんに感謝したい。

最後に、僕に書く勇気をくれた最澄の言葉を紹介して終わりとしよう。

「国の宝とは何物ぞ、宝とは道心なり。道心ある人を名づけて国宝と為す。故に古人言わく、径寸十枚、是れ国宝にあらず、一隅を照す、此れ則ち国宝なりと。古哲また云《い》わく、能く言いて行うこと能わざるは国の師なり、能く行いて言うこと能わざるは国の用なり、能く行い能く言うは国の宝なり。三品の内、唯言うこと能わず、行うこと能わざるを国の賊と為す。乃ち道心あるの仏子、西には菩薩と称し、東には君子と号す。悪事を己に向え、好事を他に与え、己を忘れて他を利するは、慈悲の極みなり。」

（山家学生式より）

本書の学びを実践に活かし、そして自身の哲学や思想といったものにまで高めていただけることができれば、筆者冥利に尽きるというものである。

著者

画数	五行	漢字一覧
1	土	一乙
2	木	九
	火	乃丁刀入力了
	土	又
	金	二七十人
	水	八卜
3	木	下干丸乞久弓巾己口工
	火	大女丈土
	土	于也
	金	才三山士子巳勺小上刃寸夕千川
	水	亡凡
4	木	化火牙介刈及仇牛凶斤月犬元幻戸五互午公勾孔今
	火	太丹丑中弔天斗屯内匂六
	土	允引円王厄友予
	金	之支止氏日尺手什升少冗心仁壬水井切爪
	水	巴反比匹不夫父分文片方木毛匁
5	木	加可瓜瓦外刊甘丘旧巨去叶叫玉句兄穴玄古功尻巧弘甲
	火	他打代台旦仗汀田奴凸尼立令
	土	以右永凹央由幼用
	金	左册札仕史司只四市矢示失主因汁出且召申世正生斥石仙仟占
	水	白半犯皮疋必氷付布丙平皿弁戊母包乏卯北本末未民矛目
6	木	价回灰亥各汗企伎危肌机吉休朽臼共匡仰旭曲刑圭血件冴伍亙交光向后好江考行合凩込
	火	多宅地池竹仲沖兆吊辻吐同凪肉年吏列劣老
	土	坪安伊夷衣印因宇羽曳亦汚有羊
	金	再在旨此死至字寺次耳自式守朱州収舟充戌旬如汝匠丞色臣任西汐舌亘先尖舛全早存
	水	伐帆汎妃百伏米庄忙牟朴名妄
7	木	何我快戒改角串完肝含岐希忌汽妓技伽却吸求汲玖究礼亨劫杏狂局均吟君形系決見言呉吾坑孝宏抗攻更克告谷困
	火	佗兌妥但男肘沖住町杖沈低呈廷弟佃杜努投豆禿呑那尿忍卵利李里良伶冷呂牢
	土	位佚囲芋役延冶佑邑酉抑
	金	佐沙災材作杉伺孜志私似宍車邪秀巡初助序床抄肖伸身辛辰妊迅吹成赤折宋扱牡走束足杣村祁
	水	把吠貝伯伴判坂阪否庇批尾扶佛兵別歩甫牡邦坊妨忘防没每妙杢
8	木	佳和果河花芽届怪拐芥劾学侃函官巻岸岩玩其奇季宜倍泣糾邱居拒享京供佼協況発欣芹近金具空屈迎券肩弦呼固孤弧股狐虎岡岬幸庚拘昂肯狗刻坤昏昆
	火	岱卓拓治知竺宙忠抽注帖長直枕定底抵邸泥的典店到宕東沓毒奈乳念來兩林例怜戻
	土	亞阿依委育盂雨泳易奄宛沿炎於往押旺夜油侑枠
	金	妻采刷使刺始姉肢枝芝事侍兒卸舎社取受周宗叔所杵尚承招昇昌松沼状垂炊制姓征性青昔析刹拙徂阻帚争卒

画数	五行	漢字一覧
	水	杷波肺杯拍泊狛抜板版彼披肥非枇泌表昺府怖斧芙阜附武服拂沸物坪乗返奉抱放朋法泡芳房肪牧妹枚抹味命明免孟盲門
9	木	架珂珈科俄界皆革括活冠看竿姫癸祈祇紀軌客虐急赳侠姜苦軍係型奎契計建彦限故胡枯後侯厚巷恆洪洸皇紅虹郊降香拷恨
	火	待怠胎耐垰炭段致柱重挑昶珍亭帝訂貞迪姪迭度怒洞峠栂栃突南律柳侶亮厘玲
	土	哀威胃郁姻胤映盈英疫垣苑屋音耶約勇宥幽柚洋要
	金	査砂哉削昨姿思指施柿祉持室者柘若狩首拾柊洲秋柔述俊春洵盾咲昭食信侵津甚帥是政星牲省宣染泉洗前奏相促則即俗
	水	派拝背柏迫畑范卑毘飛眉美秒苗品負赴侮封風柄便保姥胞昴冒某茅奔盆柾俣茉面茂籾
10	木	夏家悔海害格核栞桓氣記起鬼逆宮笈級躬峡恭恐挟胸脅脇狭倶矩訓郡徑桂缺兼拳軒原個庫娯悟候效晃校浩紘耕耿航荒貢高剛笏骨根
	火	泰退託値恥畜秩茶衷除娘朕砧陣追庭悌釘哲展徒倒凍唐島桃桐討逃胴特能納珞狸栗流留旅凌料倫烈浪狼郎
	土	晏案員殷院悦宴翁恩祐容涌浴倭
	金	唆差座宰栽柴財朔索師脂祗紙茨時疾射紗借酌弱株殊珠酒修臭袖祝峻准殉純隼書徐宵消渉症笑乘城辱唇娠振晋浸眞神秦針衰栖席隻屑扇栓荃茜祖租素倉桑草送息孫
	水	破馬俳配倍唄畠班畔般疲秘被俵病浮釜祓粉紛蚊竝併陛勉圃捕浦畝倣俸峰砲旁剖紡埋脈眠迷耗紋
11	木	假荷貨偕掛械崖涯郭袿乾勘患莞貫啗眼基埼寄崎既規飢脚救毬球据許御魚教竟區偶堀掘啓畦莖頃健圏堅研現袴梧崗康控梗毫國婚崑混紺
	火	雫帯袋第啄脱探淡逐窒晝奝帳張彫眺釣頂鳥敕陳通停偵條笛荻添淀兜途透悼桶逗陶動堂匿得惇豚軟粘徠梨理莅莉陸率略琉笠粒梁涼陵淋涙累連朗鹿
	土	庵偉尉惟移域寅陰液凰埜野唯悠郵庸欲翌
	金	崔彩採砦祭細笹殺参産梓笥執捨斜赦蛇寂雀授脩琇終習従宿淑術淳處庶叙商唱将捷梢祥章笙紹訟逍常情浄埴晨深紳推崇晟清逝惜責接設雪専旋浅船釧措粗組巣掃曹爽窓荘造側速族
	水	婆排敗培梅陪粕舶麥絆販梶彪票彬貧敏婦符部副屏閉偏崩訪逢望眸梵麻曼密務猛問
12	木	渦華菓畫賀雅堺開階凱街殼割喝渇喚堪寒換敢棺款萱間閑雁喜幾揮揆期棋貴欺菊喫給虚距喬強筐堯欽琴筋菌寓隅卿恵掲景傑契結硯絢減壺湖菰雇港皓硬絞蛤項黄黒
	火	惰替貸逮隊琢單湛短智筑着厨猪貯朝脹超椎痛堤提程奠渡都棹棟湯痘登盗答筒等統童悳敦鈍甯悩絡嵐痢硫隆虜椋菱量琳裂労
	土	悪握渥園爲異壹逸雲詠越蛯媛援淵琬愉游猶裕雄揚湧陽隈惑腕

画数	五行	漢字一覧
	金	詐最犀菜裁策酢傘散棧残斯絲視紫詞貳軸蛭須就衆週集竣舜循筍順渚黍勝掌晶湘焦硝稍粧翔菖詔象剰場植殖森進診尋胥椙壻晴盛税媟絶続雋然疎訴創喪惣插曾棗湊測粟尊巽
	水	琶牌琲媒買博發筏晩番悲扉斐費備媚琵弼筆評描猫富普幅復雰補報棚萌傍帽棒貿無椛
13	木	嫁暇葭過靴會塊楷解該較隔滑葛幹感頑暉棄碕葵義詰舅鳩筥裾郷業極勤禁愚虞遇群傾携敬渓経詣嫌筧絹萱源誇鼓碁塙幌慌滉溝號
	火	碓達暖稚置雉著塚腸跳椿賃碇艇鼎畷鈿傳殿電塗塔當搭董働道督楠稔脳農裸雷落酪亂裏葎溜稜鈴零廉路廊碌禄
	土	愛暗意葦違飲運瑛圓園煙猿鉛奥温爺楡楢猷遊與預揺腰楊溶葉雍話賄
	金	嵯裟催債歳砕載罪搾嗣獅肆詩試資孳滋煮嵩愁葺萩酬粛楯準暑傷照蛸詳頌慎新睡葰遂瑞勢聖靖跡詮塑楚鼠想捜葬装賊損
	水	稗楳鉢搬煩頒飯微瓶楓腹遍募蜂睦萬盟酪滅
14	木	嘉寡榎歌禍箇槐魁慨廓閣褐慣漢監管僖旗熙箕綺偽疑廐漁境緊銀軽蜷遣語誤膏構綱酵豪糀酷獄魂
	火	駄臺封態滞奪嘆端誕團蓄嫡暢肇趙銚槌禎綴遮摘滴圖銅靹認寧瑠僚寥綾緑綸漣漏嶋
	土	維飴榮演遠鳶熊誘瑤蓉踊遥窪
	金	蓑際榊察慘算蒜酸漬誌雌飼慈爾蒔漆實綽種壽需聚銃塾署奨彰稱裳誦障韶蒸飾寝槙盡粋翠精製誓誠齊碩説銑漸僧槍漱箏綜蒼像
	水	漠罰閥碑緋鼻漂賓腐舞福箙複聞塀碧蒲輔墓獏飽鳳鉾僕幕慢滿漫蜜夢銘鳴綿網蒙
15	木	價稼課概確樂樫寛緩翫槻毅畿輝儀誼窮駒慶慧劇潔倹剣賢廣稿篁穀
	火	堕弾談廚駐樗徴澄潮蔦蝶調墜締敵適徹撤樋稲踏徳熱履璃劉慮寮蓼諒輪隣練蓮輦魯樓論
	土	鞍慰緯蔭影瑩鋭閲縁歐毆億憂様窯養
	金	撮暫賜歯磁質寫遮諏趣澁熟潤諄緒鋤樟樅箱衝賞審震酔數樞請瀉節潜線践層槽遭増憎
	水	播廢輩賣賠髪幡範盤磐蔓罷標廟敷膚賦蝮幣弊編舗鋪慕暮蓬褒鴇暴墨撲摩膜魅模
16	木	樺餓學憾翰舘諌器憙機亀橘據橋凝暁錦勲憩螢激蕨憲縣険醐縞興衡鋼墾
	火	醍擇澤濁諾擔壇遅築錠鮎燈糖頭導篤獨曇燃濃頼龍遼澪暦歷録
	土	遺叡衛穎謁燕横鴨憶諭輸融餘擁
	金	簑儕剤錯諮儒樹輯遵諸樵焼蕉鞘親錘随整静積戦選遷銭膳操樽
	水	縛嘶瓢頻蕪噴墳奮憤壁膨蕓謀磨黙
17	木	鍋霞檜嚇獲嶽轄濫環還韓館磯橲戯擬鞠擧橿矯蹊撃検謙糠講購鮫鴻濠懇
	火	黛濯膽鍛檀薙點濤謄瞳蕾療臨勵嶺隷聯錬蕗
	土	壓隠嬰營應優輿謠

画数	五行	漢 字 一 覧
	金	済齋擦濕篠謝濡醜縦縮瞬駿償礁鍾薪穂聲績薦鮮禪燥甑糟總聰霜
	水	薄繁臂避邉彌濱篷縫邁
18	木	鐙擴額簡顔歸櫃騎礒舊襟謹薫
	火	題斷蟲鎮鎚鵜轉櫂藍鯉猟糧壘禮鎌
	土	醫甕癒曜翼
	金	鎖薩雜爵曙織職雛繕礎雙叢蔵
	水	覆癖鞭豊翻麿
19	木	壊懐繪穫關贋願麒蟻麹鏡藝鯨繭
	火	癡懲鯛轍藤難禰鯰羅瀬離類麗櫟瀧麓
	土	韻穏薬
	金	贊璽識櫛獣鶉證繩繰藪贈
	水	覇爆藩邊簿龐鵬霧
20	木	覺鰐勸艦犠議競繼警馨懸獻厳
	火	孃黨鐙鬪騰齢爐蘆
	土	譯譽耀
	金	釋鐘壤觸籍蘇藻騒
	水	譜寶
21	木	鶴灌欅驅鶏纈顧護纐轟
	火	鐵纏籐欄蘭覧蠣露
	土	櫻鶯躍
	金	攝蘇囃籔屬績
	水	霸飜魔
22	木	歡鑑響饗權
	火	驒欅鱈灘聴畳讀籟巒籠
	土	鷗
	金	鑄襲穣竊鰺臓
23	木	巖驚顕験鑛
	火	體麟戀
	土	驛
	金	鷲髄纖鱒
	水	變
24	木	罐
	火	矗釀鬬靈鷺
	土	鹽艶鷹
	金	
	水	
25	木	觀
	火	廳
	土	靉灣
	金	
	水	蠻
26	金	讃
30	火	鸞

	身体象	病象
一白水星	・腎臓，耳孔，鼻孔，口の中，陰部，肛門，膀胱，尿道，睾丸，血液，汗，脊髄，甲状腺，涙腺，眼球，瞳，アザ，ホクロ，シワ，傷跡	・腎臓病，脊髄カリエス，糖尿病，膀胱炎，尿道炎 ・耳の病気　鼻の病気 ・多汗症，血行不順，冷え性，心配性，アルコール中毒，リンパ液の病気
二黒土星	・脾臓，腹部，腸，胃，消化器，右手，子宮，卵巣	・胃潰瘍，胃癌，胃酸過多，胃拡張，胃下垂，胃痙攣，食欲不振　下痢　嘔吐　・腹膜，腸チブス，絶食，餓死，拒食症　・貧血 下血 精気虚脱 過労 健忘症　・肩こり，不眠便秘，黄疸，皮膚病，ニキビ，ソバカス，アトピー性皮膚炎　・乳腺炎，月経異常，乳ガン，子宮ガン，卵巣ガン
三碧木星	・肝臓，咽頭，肋骨，舌，左手左足	・肝臓病　黄疸・咽頭ガン，百日咳，喘息，ドモリ，無呼吸症候群　・精神異常，ヒステリー，ノイローゼ，発狂，テンカン,PTSD・足の病気，リュウマチ，脚気，打ち身，脛のケガ，神経痛　・シャックリ，小児の癪，感電・声の枯れ，声帯異常，失語症
四緑木星	・頭髪，食道，気管，神経，筋動脈，リンパ，股，太股，腸，オナラ，ワキガ，左手	・呼吸器，風邪，気管支炎，喘息，神経痛　・毛髪の病気，円形脱毛症，ハゲ，左手のケガ　・内臓疾患，肝臓，胆石，・脱腸，脱肛　・悪臭の伴う病気　・腕や足の骨折，筋の病
五黄土星	・脾臓，大腸，消化器官，腹部，五臓六腑，心臓	・脾臓の病，肝臓の病，肺臓の病，心臓の病，腎臓の病，脳溢血，高熱病，便秘，下痢，チブス　・胃癌　・子宮病，腫物，アザ，高熱性疾患，悪疾，ガン全般
六白金星	・脳（器能的な働き），心臓，左肺，大動脈，大静脈肋膜，肋骨，アセ	・頭痛，発熱，天然痘，狂気，神経過敏，精神過労，脳溢血，目まい，高熱の病気　・扁桃腺など　・心臓病，腫みのある病気，肋膜（左肺）・交通事故，傷害事故，皮膚病，ニキビ，腫物，便秘
七赤金星	・右肺，口中，口，歯，舌，咽頭，胸部	・胸部疾患，結核性の病気全般，肺血病，喘息，咳 ・口腔疾患，口舌病，口熱，歯痛，口内炎・性病，月経不順，血行不順，神経衰弱　・打撲傷，怪我
八白土星	・外耳，外鼻，背，腰，肋膜，盲腸，肩，筋肉，関節，手足の付け根，手，指，脊髄	・蓄膿症，鼻カタル，鼻の上のできもの，外耳炎・腰痛，関節痛，背痛，筋肉のつり　・盲腸炎，肋膜炎　・関節炎，リュウマチ，手足関節付け根の痛み　・小児麻痺，半身不随，麻痺症　・血行不順，虚弱体質，拒食症，神経症，対人恐怖症　・骨折，手足の付け根のケガ，破傷風
九紫火星	・心臓（循環器の病気），血圧，眼，視力，頭脳（頭の働き・知的活動），精神，乳房	・心臓病，頭痛，脳溢血，大熱，日射病，ヤケド，パーキンソン病　・不眠症，精神過労，精神攪乱，発狂，ノイローゼ，そううつ病　・眼病，近視，乱視，色盲，盲目，トラホーム　・耳痛，扁桃腺，拒食症，便秘症

参考文献

『一日一言』坂村真民（致知出版社）
『鑑定ハンドブック』村山幸徳（株式会社シンクタンクマインドズーム）

著者紹介

石川享佑（いしかわ きょうすけ）

昭和57年10月9日　愛知県豊田市に生まれる。

幼少から数学・物理を愛し、名古屋大学工学部物理工学科に入学も、入学と同時に見習いをしていた「整体業」に魅せられて半年で中退。整体の修行を経て、平成21年に2店舗を譲り受け独立、さらに他店舗の買収と精力的に経営を伸ばしていく。その頃、気学に出会い、紹介から故村山幸徳に出会い師事。経営者塾や顔相、仏教塾を学ぶため各地の講座に出席し学びを深めていく。その後、平成27年5月に福岡市にて「OFFTOOON」を開業。気学を活用した経営方針を立て、気の流れを実感しつつ、その経営手腕を発揮している。また、平成30年より社会運勢学会認定講師として、各地でセミナーを開催している。

・株式会社サンリオ「マイメロディ九星占い」監修

・九州電力株式会社「QuuN」占いコンテンツ監修

メディア掲載実績：＜テレビ＞2016年TNC「ももち浜ストア」、2017年TVQ「きらり九州めぐり逢い」出演、＜ラジオ＞2016年11月「中島浩二のウィークエンドジャム」、2017年KBCラジオ「夕方じゃんじゃん」出演、2018年10月よりKBCラジオ「夕方じゃんじゃん」に隔週水曜日出演。

占《うらな》いで知《し》る！ ココロとカラダのヒミツ

2019年5月1日　初版第1刷発行

著　者　石川享佑

発行者　鎌田順雄

発行所　知道出版

〒101-0051 東京都千代田区神田神保町1-7-3 三光堂ビル4F

TEL 03-5282-3185 FAX 03-5282-3186

http://www.chido.co.jp

印　刷　モリモト印刷

ISBN978-4-88664-317-9